本书受到国家自科基金青年项目"利益协同目标性下农业科技共同体研发福利测度及其增进策略研究——以现代农业产业技术体系为例"（编号：71503074）的资助

国家自然科学基金重点项目"现代农业科技发展创新体系研究"（编号：71333006）的资助

现代农业产业技术体系协同创新研究

Xiandai Nongye Chanye Jishu Tixi Xietong Chuangxin Yanjiu

李 平 张俊飚 / 著

人民出版社

责任编辑：吴焰东

封面设计：胡欣欣

图书在版编目（CIP）数据

现代农业产业技术体系协同创新研究/李平,张俊飚 著. —北京：人民出版社，
　2018.11

ISBN 978－7－01－019579－7

Ⅰ.①现… Ⅱ.①李… ②张… Ⅲ.①现代农业-农业产业-技术体系-研究-
　中国 Ⅳ.①F323.3

中国版本图书馆 CIP 数据核字（2018）第 163607 号

现代农业产业技术体系协同创新研究

XIANDAI NONGYE CHANYE JISHU TIXI XIETONG CHUANGXIN YANJIU

李　平　张俊飚　著

人民出版社 出版发行
（100706　北京市东城区隆福寺街 99 号）

北京中科印刷有限公司印刷　新华书店经销

2018 年 11 月第 1 版　2018 年 11 月北京第 1 次印刷
开本：710 毫米×1000 毫米 1/16　印张：16.75
字数：200 千字

ISBN 978－7－01－019579－7　定价：67.00 元

邮购地址 100706　北京市东城区隆福寺街 99 号
人民东方图书销售中心　电话（010）65250042　65289539

序

改革开放 40 年来，中国农村面貌发生巨大变化，农业发展取得历史性成就，尤其是党的十九大报告首次提出实施乡村振兴战略，并作为决胜全面建成小康社会、开启全面建设社会主义现代化国家新征程的七大战略之一和作为贯彻新发展理念、建设现代化经济体系的六大内容之一。这表明新时代背景下"三农"的地位得到进一步巩固，现代农业发展被提到前所未有的高度，具有重大的理论和实践意义。实施乡村振兴战略要充分依靠科技力量加快推进农业农村现代化，实现乡村振兴发展，必须依靠科技创新引领，强化农业科技创新转化。实现农业农村现代化关键就是要将农业发展方式转向依托农业科技进步的良性轨道，提升科技对农业质量效益竞争力和农村生态环境改善的支撑水平，这几乎成为所有农业发达国家在各自历史发展阶段的不二选择，这些国家在严格遵循农业科技发展规律的基础上，建立了各具特色的农业产业技术创新体系，这一系列举措形成了对国家经济社会发展的基础性支撑。中国顺应经济全球化的深刻变革，在创新型国家战略的引领下，自 2007 年起以"农产品为单元，以产业为主线"构建起 50 个农产品的现代农业产业技术体系，以全面提高我国农业科技的自主创新能力，增加农业产业竞争力，保障经济社会稳定。现代农业产业技术体系的建立作为一次科研组织模式的创新和突破，尚处于发展的关键时期。因此，全面了解体系协同创新状况，明确存在的相关问题，对进一步完善体系内部管理制度，及时纠偏以保障体系健康运行至关重要。

笔者通过深入调查研究和归纳总结，首先深入分析自新中国成立以来农业科技体制改革和公共财政科技投入政策的历史进程基础上，明确了现代农业产业技术体系是在市场经济体制下公共财政投入寻求机制创新的一种有益尝试，是国家农业科技创新体系建设的重要内容和内涵的延续，进而借助于现代农业产业技术体系统计调查资料，系统阐述了体系资源分布、人员和学科结构、体系文化、工作分工和合作交流、经费使用及考核办法等建设情况，并明晰了现代农业产业技术体系协同创新中经费管理、协作竞争、评价考核、协调对接等方面存在的不足。再从体系内和体系外两个视角，测算了现代农业产业技术体系协同创新绩效水平，其中体系内视角的分析表明，现代农业产业技术体系协同创新绩效有较大提升空间，不同岗位序列和不同体系绩效差异较大，且受访者对现代农业产业技术体系目标认知清晰程度、职称、对团队成员知晓程度、经费使用合理程度等均是协同创新绩效关键影响要素。现代农业产业技术体系外农户视角的绩效分析则由经济效益、可持续发展能力、社会效益、生态效益等因子构成，最终模糊评价结果表明体系协同创新绩效仅为"一般"，且经济与生态效益是后续建设应考虑的重点。另外，本书还继续探索了现代农业产业技术体系相关利益主体的行为特征，并明确了利益取向的差异性使得各个主体之间的行为博弈成为制约现代农业产业技术体系协同创新绩效提升的重要因素。全书最后提出如下建议：要进一步完善部际协商机制，优化资源配置结构；构建和谐的体系文化，扩大体系影响范围；加强项目资金管理，提高经费使用效益；加强知识产权管理，提升农业创新效率；健全人员进出、考核与激励机制，强化岗位责任；加强与地方主管部门的联系和沟通，促进地方产业发展；加强现代农业产业技术体系与农业生产实际的结合，不断提高其支撑现代农业发展的作用等方面的建议。相关研究结论具有针对性及较好的借鉴价值。

纵观全书笔者尤其注重理论与实践的统一，相关理论应用准确，方法使用科学，事实分析清楚，能全面系统地阐述现代农业产业技术体系协同创新这一重要话题，得出诸多有应用价值的结论，书稿定稿期间正值农业农村部《乡村振兴科技支撑行动实施方案》出台之际，恰逢其时，相关结论将有利于推动财政进一步支持现代农业科技创新，对发挥好农业科技在乡村振兴战略中的支撑引领作用也大有裨益。是为序。

张俊飚

二〇一八年十月一日

目　录

前　言

　　2018 年是贯彻党的十九大精神、实施乡村振兴战略的开局之年，是以农村改革为发端的改革开放 40 周年，是决胜全面建成小康社会、实施"十三五"规划承上启下的关键一年。实施乡村振兴战略，是以习近平同志为核心的党中央着眼于实现"两个一百年"奋斗目标和中华民族伟大复兴的中国梦，紧扣我国社会主要矛盾变化，对"三农"工作作出的重大战略部署，事关全面建成小康社会，事关全面建设社会主义现代化强国进程，意义重大、影响深远。实施乡村振兴战略，农业农村现代化是关键。创新是农业农村现代化的战略支撑，必须发挥科技创新在实施乡村振兴战略中的关键作用，以创新驱动乡村振兴发展，这几乎成为诸多发达国家在各自农业现代化历史进程中的优先路径。在发力供给侧改革的今天，2007 年农业部、财政部在创新型国家战略引领下先行一步，围绕产业需求配置科技资源，建立起 50 个农产品的现代农业产业技术体系。现代农业产业技术体系在不触动现行管理体制前提下，通过中央财政稳定支持和任务委托方式，以引领和支撑产业发展的协同创新为目标，在全国范围内打破部门、区域和学科界限，搭建了农业科技联合协作的大平台，形成同一体系内不同领域的科学家大协作机制，不同体系同一环节之间也建立了横向协作的机制，致力于解决地区分割、部门分割、效率不高等问题。现代农业产业技术体系是农业科技领域的一次重大管理创新，具有广阔应用前景，为持续推进现代农业产业技术体系建设步伐，释放科技创新活力，全面了解现代农业产业技术体系协同创新状况、绩效水平及影响因素，对进一步理顺体系协同创新机制，保障其健康运行至关重要。

本书主要研究工作及结论如下：

第一，现代农业产业技术体系是创新型国家战略导向下公共财政投入方式的创新与调整。

深入分析自新中国成立以来农业科技体制改革和公共财政科技投入政策的历史进程，获得如下认识：（1）中国农业科研制度变迁的历史进程大体可划分为 1985 年以前以计划经济体制为导向、1985—2005 年间以市场经济体制为导向和 2005 年以来以创新型国家战略为导向的三个阶段变迁过程。（2）市场经济体制下的农业科技政策与制度安排几乎都服从市场经济改革导向，在改革的内容和措施上还体现为"市场导向"和"政府调控"的结合。（3）每次农业科技政策的出台都源自政府及有关部门对农业科技发展规律认识水平的不断提高。（4）现代农业产业技术体系是在市场经济体制下公共财政投入寻求机制创新的一种有益尝试，是国家农业科技创新体系建设的重要内容和内涵的延续。

第二，现代农业产业技术体系运行已取得初步成效，但在内部管理机制方面还存在诸多不足。

基于体系成员的统计资料的描述分析表明，现代农业产业技术体系建设已基本完成。首先，现代农业产业技术体系在人员结构、学科结构及各现代农业产业技术体系资源的区域分布上较为合理；其次，现代农业产业技术体系构成人员对体系任务认知较为清晰，且不同现代农业产业技术体系或同体系的不同岗位专家间交流合作方式渐趋多样化，各岗位人员融入现代农业产业技术体系的程度也在逐步提高；再次，划拨经费基本能满足现代农业产业技术体系工作顺利开展，且经费使用的合规程度较高。此外，现代农业产业技术体系考核标准和结果通报方式呈现多元化，且严格的退出机制被普遍认同。然而，当前现代农业产业技术体系运行在经费管理机制、交流机制、竞争机制和评价考核机制、体系文化、与地方政府的对接机制、成员工作积极性的激励机制、关联主体的协调机制的健全等方面还存在较大提升空间。

第三，基于体系内成员统计资料的实证分析表明：现代农业产业技术体系协同创新绩效有较大提升空间，不同岗位序列和不同体系绩效差异较大，且影响绩效的因素较多。

应用三阶段 DEA 模型对现代农业产业技术体系核心层级和第二层级所涉及团队成员的创新效率测度结果表明，现代农业产业技术体系协同创新绩效有较大提升空间，且不同样本和岗位序列间差异较大；同时还认定规模效率不高是阻碍协同创新主体技术效率提升的主要因素。具体来看，现代农业产业技术体系第一层级科研团队成员总体效率仍有 0.76 的提升空间，规模效率较低成为总体效率不高的主要原因；就第一层级科研团队的不同岗位系列而言，B 系列岗位技术效率较 A 系列岗位要高。现代农业产业技术体系第二层次的科研团队总体效率也不容乐观，仅为 0.14，且规模效率偏低也是该层级团队创新效率不高的主要原因。分体系效率测度与比较分析还表明：养殖业产业技术体系、林果业产业技术体系和种植业产业技术体系样本技术效率值均有较大提升空间，但养殖业产业技术体系和林果业产业技术体系样本技术效率值要明显高于种植业产业技术体系。上述三种产业技术体系的规模效率不高是致使各自技术效率不高的主要原因，从养殖业产业技术体系、林果业产业技术体系和种植业产业技术体系样本的技术效率、纯技术效率和规模效率分布情况上看，养殖业产业技术体系、林果业产业技术体系样本在高效率值区间段上的分布情况要优于种植业产业技术体系，养殖业与林果业产业技术体系样本的效率分布状况则较接近。此外，就协同创新绩效影响因素的探究表明：调查样本就现代农业产业技术体系目标认知清晰程度的提升对团队协同创新技术效率改善有显著作用，同时团队成员职称、对团队成员知晓程度、体系在经费使用上的合理程度也是影响科研团队创新绩效高低的决定要素。

第四，农户是体系运行的最终受益者，其行为特征呈多样化，是现代农业产业技术体系协同创新绩效评价中要考虑的重要方面。

对农户数据的统计描述和 Logistic 回归分析还明晰了现代农业产业技术体系运行下农户技术需求、市场流通认知、社会化组织参与等方面的行为特征。具体来看：一是农户技术需求呈多样化态势，不同地区农户技术需求率差异较大，即使是同一地区，对不同种类技术的需求率差别也较大。二是总体来看现代农业产业技术体系运行下农户市场流通认知程度不高，表现在农户对现代流通方式利用不够；市场价格信息缺乏，农户个体认知差异较大；流通及交易环节认知不足、流通前期管理方式粗放等。农户户主的年龄、村庄道路类型、户主文化程度对农户农产品市场流通的认知起主要作用。三是多数农户表示未参加协会组织，调查显示当地没有协会和对协会组织不了解是最主要的原因。另外还发现农业生产规模、销售难易程度、是否进行林改等因素对农户参与协会的意愿影响显著。

第五，体系协同创新绩效评价体系由经济效益、可持续发展能力、社会效益、生态效益等因子构成。基于体系外固定观察点农户调研数据的分析表明：体系协同创新绩效模糊评价仅为一般，且经济与生态效益是体系建设与运行中应考虑的重点。

通过固定观察点农户数据的主成分分析和模糊综合评价研究还发现：一是现代农业产业技术体系协同创新绩效评价体系的经济效益因子、可持续发展能力因子、社会效益因子、生态效益因子各自的方差贡献率依次为 19.54%、11.53%、11.27% 和 7.97% 的比例。二是现代农业产业技术体系协同创新绩效最终得分为 69.42 分，综合评价结果仅为"一般"，表明外部主体对现代农业产业技术体系运行水平的评价还有待提高。三是经济效益与生态效益建设应成为现代农业产业技术体系服务农业农村创新发展的重点内容。

第六，利益取向的差异性使得各个主体之间的行为博弈成为制约现代农业产业技术体系协同创新绩效提升的重要影响因素。

笔者利用三方动态博弈方法分析了现代农业产业技术体系协同创新主体行为特征，研究结果表明，由于政府管理部门、项目执行层和项目实施层目标函数或价值取向的不一致，再加之"委托—代理人"间信息的不对称，致使三方动态博弈关系引致的不确定性风险成为制约现代农业产业技术体系协同创新绩效的一个主要原因。在现有农业科技管理机制和体系内部管理规范指导下，三方只有通过共同努力，才能最终实现共赢。

本书的最后提出了：要进一步完善部际协商机制，优化资源配置结构；构建和谐的体系文化，扩大体系影响范围；加强项目资金管理，提高经费使用效益；加强知识产权管理，提升农业创新效率水平；健全人员进出、考核与激励机制，强化岗位责任；加强与地方主管部门的联系和沟通，促进地方产业发展；加强产业技术体系与农业生产结合，不断提高其支撑农业发展的作用等方面的建议。

本书主要的创新点为：

一是研究视角上的创新。有别于传统科技项目事后评价的惯例，本书以现代农业产业技术体系实施周期内的运行现状分析为基础，重点就现代农业产业技术体系运行中的协同创新绩效水平从两个层次、不同岗位类型和四个体系类别分别进行测度；同时为了避免内部控制性风险，保证现代农业产业技术体系协同创新绩效评价结果的客观性和全面性，研究中从现代农业产业技术体系内成员和体系外固定观察点农户两个方面分别测度了现代农业产业技术体系的协同创新绩效。

二是研究方法应用上的创新。在现代农业产业技术体系第一和第二层级团队成员协同创新绩效测度中运用了三阶段 DEA 的方法，该方法由于剥离开了环境变量和随机因素的干扰，测度结果比较客观地反映了科研团队协同创新的技术效率；利用 DEA-Tobit 模型初步探究了影响体系研发中心团队成员投入松弛量的环境因素；在实证结果显示现代农业产业技术体系协同创新绩效不高的基础上，利用三方动态博弈模型考察了现代农业产业技术体系相关利益主体的行为特征，博弈分析结果表明现代农业产业技术体系协同创新绩效受利益主体行为因素的影响较大。

三是研究内容有所创新，并获得了一些有价值结论。较为系统地就现代农业产业技术体系这一重大财政科技支农体系的协同创新问题进行了综合研究及评价，其一明确了现代农业产业技术体系是在既定历史时期农业科技政策的调整与创新，体现着政策制定者及有关人员对农业科技基本规律认识的不断加深，所不同的是现代农业产业技术体系是在市场经济导向下，在农业科技领域对创新型国家战略的深入实践；其二从体系内和体系外两个维度对现代农业产业技术体系实施周期内的协同创新绩效进行了测度，结果表明体系绩效还有较大的提升空间，另外，通过实证分析得知职称结构、团队交流情况、经费管理、依托单位性质及地方政府政策支持等内外部环境要素是影响绩效的关键因素；其三明晰了现代农业产业技术体系中利益主体目标取向的不一致，致使多方动态博弈过程中充满了诸多不确定性，这一风险要素成为制约现代农业产业技术体系协同创新绩效提升的重要内容。

第一章 现代农业产业技术体系协同创新现状分析

本章在现代农业产业技术体系专项建设出台历史沿革梳理基础上，通过体系成员的统计资料就现代农业产业技术体系的协同创新状况进行全面分析，为现代农业产业技术体系协同创新绩效的研究分析做好铺垫。

现代农业产业技术体系的组织实施是在现行农业科研管理机制下公共财政投资的一种有益尝试，是通过财政农业科技投入制度创新为建立农业科技工作和产业发展间有效衔接而寻求的新路子，是为解决长久以来形成的农业科技领域条块分割、科技资源分散、低水平重复建设等问题而进行的一次探索。一般来讲，事物的发展都遵循着既定的历史轨迹，有其运行的逻辑主线和自然规律。分析事物发展历程，既有利于全面了解事物发展的过去，更有利于系统归纳和总结其自身的规律属性，从而较好地对其未来发展态势予以把握。当前现代农业产业技术体系尚处在"边摸索、边前进"的不成熟阶段，因而在该财政农业科技项目运行管理方面，需要审视和分析其历史演进轨迹，以对其目前的运行水平加深了解。因此，系统梳理我国财政农业科技投入制度变革的历史变迁过程，有利于明确现代农业产业技术体系的运行实施背景，有利于认识体系运行规律同以往财政农业科技投入制度的延续情况及不同之处。

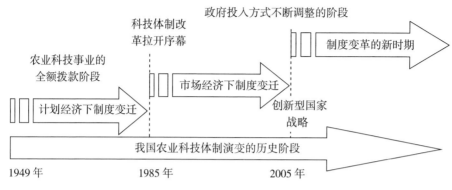

图 1.1　我国农业科技体制演变的历史阶段划分

事实上财政农业科技投入变革是伴随着我国农业科研制度变迁而来的，因此有必要对新中国成立以来的农业科研制度变迁过程有个全面的认识。以中共中央《关于科学技术体制改革的决定》政策文件的出台和创新型国家战略的提出为标志，大体上可将我国农业科研制度变迁的历史进程划分成三个阶段，见图 1.1，即 1985 年以前以计划经济体制为导向的制度变迁过程、1985—2005 年间以市场经济体制为导向的体制变革和 2005 年以来以创新型国家战略为导向的新一轮变革，其中下文论述中更是在 1985 年以来国家一系列农业科研体系改革的内容阐述上着墨较多。

一、现代农业产业技术体系建设专项出台的历史沿革

（一）农业科研体制与财政科技支农的历史变迁

1.计划经济体制为导向的农业科技制度变迁过程

从新中国成立到 1985 年这段时期，在特定的政治、经济、社会环境下，总体上看我国的农业科研体制呈现科研机构的行政依附性、条块分割，资源分散、各自为政，协作化程度低等特点，在计划经济体制下我国的农业科研体制变革过程大体又可分为三个阶段（见表 1.1）。

表 1.1　计划经济体制下农业科技体系演变的重要进程[①]

重要年份	标志性事件
1952	分七大区建立了农业科学研究所
1955	成立了农业科研协调委员会
1957	成立了中国农业科学院，且七大区的农科所划归其领导
1958	七大区农科所下放至所在地的省政府
1960—1961	中国农科院 1/3 的所被撤销或下放，人员骤减 70%（到 1962 年才得以恢复）
1963	成立了农业部科技局（"文化大革命"期间遭破坏，1982 年更名为科技司）
1964	成立了华南热带植物研究院
1970—1972	中国农业科学院建制被撤销，大部分研究所和研究人员被下放
1978	恢复中国农科院及中国林科院建制，成立了中国水产科学院
1983	农业部成立了科技委员会
1985—	科技体制改革序幕拉开

第一阶段，高度计划集中的农业科研体制的形成期（时间跨度为1949—1966 年），这段时期是中国农业科技发展较为顺利的时期，农业科研活动于高度集中计划管理体制下在农业科研机构建立、专业人才队伍建设、学科的设置与布局、农业应用技术的推广等方面均取得了

---

① 樊胜根、菲利普·帕德、钱克明：《中国农业研究体系——历史变迁及对农业生产的作用》，中国农业出版社 1994 年版。张银定、钱克明：《我国农业科研体系的制度变迁与科研体制改革的绩效评价研究》，中国农业科学院，博士学位论文，2006 年。

不俗成绩，这有力促进了我国各项事业朝着现代化发展方向迈进。然而在该阶段的后期由于受"左"的思想的影响，我国农业科技工作开展面临了一些问题。

第二阶段，农业科技工作开展步履维艰的时期（时间跨度为1966—1976年），这段时期在极"左"的思想和政策的影响下，我国的农业科技事业遭到严重破坏，表现在专业研究机构被拆散、研究人员被下放，该历史阶段除在籼型杂交水稻培育等个别研究领域取得较大进展外，整个国家农业科研工作基本处于停滞不前的状态。

第三阶段，农业科技工作建设步伐加快的时期（时间跨度为1976—1985年），即"文化大革命"后的十年。党的十一届三中全会纠正了"左"的错误思想，农业科技工作得以恢复和发展，尤其是在《关于加强农林科教工作和调整农业科学教育体制的报告》《中共中央关于加强农业发展若干问题的决定》等政策文件和"经济建设必须依靠科学技术，科学技术工作必须面向经济建设"的科学方针指引下，我国科研机构建制得以恢复、学科门类划分和专业设置得到健全，科研工作者的科研和生活条件也得到很大改善，农业科技事业重新焕发出了勃勃生机。

计划经济体制下我国农业科技工作的历史演变过程可谓一波三折，既有成功的经验，也有惨痛的教训，这些宝贵的历史素材给现代农业产业技术体系的建设带来如下启示：（1）重视科学技术与专业人才队伍建设，发挥农业科技对经济社会发展的巨大推动作用；（2）在农业科技领域要尽量减少行政依赖，避免条块分割、资源分散的不利局面，并在充分尊重农业科技发展规律的情况下，花大力气组织跨部门、跨区域、跨学科的联合攻关，以达到集中力量解决农业科技发展中的基础性、重大性和战略性问题的目的；（3）尊重知识、尊重人才，加大政策扶持与科技投入，积极营造专业科研人才发展的良好氛围，并要妥善解决他们在科研和生活中存在的实际困难；（4）完善科研管理体制，优化农业科技资源配置，最大化的发挥农业科技服务地区经济社会发展的历史使命。这也成为后计划经济时代农业科技体制改革所遵循的一些"基本原则"。

2. 市场经济体制为导向的农业科技制度变迁过程

在迎接国际新一轮科技革命浪潮和全国工作重心转移到社会主义经济建设的宏观背景下，我国农业科技领域发生了深刻的历史变革，以中央《关于科学技术体制改革的决定》的颁布和原农牧渔业部《关于农业科技体制改革的若干意见（试行）》的发布为标志，在"经济建设必须依靠科学技术，科学技术必须面向经济建设"的总方针引领下，全国开展了轰轰烈烈的农业科研体制改革的实践。回头来看，发端于1985 年的我国农业科技体制改革是伴随着中国经济体制改革的历史进程应运而生的，是完全符合当时我国国情和历史发展阶段的必然产物，也遵循了农业科技发展的基本规律。改革启动之初，我国农业科技体制以改革科研拨款体制为切入点，通过逐渐减拨事业经费的方式实现科研单位"断奶"，迫使他们依照市场经济规律开展科研活动，此后又相继出台了多项符合市场化改革取向的农业科技政策，这是一个对农业科技规律认识逐步提高，对其改革措施不断修正优化的过程，即改革初期过度强调参与市场竞争的"一刀切"式的改革，到尔后根据不同类型农业科研的特征，施行"稳住一头、放开一片"的制度调整和对科研单位进行分类改革的政策，这都伴随着政策制定部门对农业科技规律认识的不断提高。根据体制变革次序和重大政策的出台，下文共分三个小阶段加以分析。①

（1）改革初始阶段（1985—1991年）。

这一时期的改革突出了科技与经济相结合的目标，以加速科技成果转化为重心，以改革拨款制度为突破口，在组织结构上积极鼓励科学研究面向市场，支持农业科研单位、教学机构和生产部门的结合，基本打破了部门和单位界限；在管理制度上扩大了研究机构的自主权，改革了人事、分配制度及项目管理财务制度，激发了科研机构人员积极投身科研的活力，另外还促进了人才合理流动；在运行机制上，一方面在拨款制度上对科研单位实行"断奶"，迫使科研单位直接面向市场需求；另一方面则放开农技市场，推进农业科技成果的加速转化，总体而言提升了农业科研机构服务经济社会事业发展的能力。

（2）改革结构调整阶段（1992—1998年）。

以国家科委、国家体改委联合颁布的《关于分流人才、调整结构，进一步深化科技体制改革的若干意见》为标志，在"稳住一头，放开一片"为指导方针引领下，我国的农业科技体制改革翻开了新的一页。这一时期我国仍处于科研原始创新能力不强，科技成果储备不足且转化效率不高的不利局面，因此调整科技系统结构、继续转变运行机制，改革科研机构重复设置、资源分散问题及提升科技服务经济的能力，

---

① 该阶段的划分借鉴樊胜根（1994）、黄季焜（2003）、张银定（2006）在研究中的标准。另外特别需要说明的是：就1985—2005年我国农业科技体制改革的三阶段划分固然可以将1985年以来国家采取的重大改革举措纳入三个小的阶段加以解释和阐述，但各阶段时间上的划分并不是绝对的，事实上由于改革是一个渐变的过程，各阶段间有相互交叉的情况存在。樊胜根、菲利普·帕德、钱克明：《中国农业研究体系——历史变迁及对农业生产的作用》，中国农业出版社1994年版。黄季焜、胡瑞法：《中国农业科研投资：挑战与展望》，中国财政经济出版社2003年版。张银定、钱克明：《我国农业科研体系的制度变迁与科研体制改革的绩效评价研究》，中国农业科学院，博士学位论文，2006年。

成为当时工作的中心任务。经过新的一轮改革，在组织结构上进一步调整了研究机构构成与课题研究的层次，实现了农业科研与开发的并举。另外科技资源配置结构也有所改善：在管理体制上，一方面明确了"稳住一头，放开一片"的范围，制定了相应举措，并深化了分类管理，另一方面进一步强化了科研单位的内部管理；在运行机制上，强化了市场对科技事业发展的导向作用，扩大了农业科研单位的自主权，这在更大程度上激发了专业技术人员的科研积极性。总体而言，这一时期的农业科技体制改革较多的强调农业科技的市场导向，体现在仍减少对科研机构的拨款，迫使其科研活动面向市场；但与此同时，政府也认识到农业科研的公共物品属性——某些农业科技活动需要由政府支付，特别是在农业基础研究、基础性技术工作、重大农业科技研究与开发等方面需要加大支持力度，这实际上又体现出了农业科技投入"市场需求"与"政府调控"的结合。

（3）科研单位的分类改革阶段（1999—2005年）。

以《中共中央国务院关于加强技术创新，发展高科技，实现产业化的决定》为标志，我国农业科技体制改革进入改革的深化期。该阶段以充分发挥"市场"与"政府调控"的结合作用为先导，以加强基础研究和技术创新、加快科技与经济的结合为根本目的，以科研机构的分类改革为主要措施，促使农业原始创新能力的提高和科技成果的有效供给。事实上，改革进入这一时期，农业科研成果的公共物品属性已经得到充分认识，因此在科研单位的分类改革和企业化转制的政策具体操作中"市场"与"政府调控"并重成为该时期的重要特征，表现在基础科学研究完全由政府提供，宜面向市场的科技工作则全面推向市场。

3. 创新型国家战略为导向的农业科技制度新一轮变革

随着国家对农业科技认识的逐步提高及改革中"市场机制"与"政府调控"手段的并举，我国农业科技改革取得显著成效，农业科技原始创新能力得到全面增强，农业科技成果转化效率也大幅度提高，农业科技对经济发展的巨大推动作用日益显现。然而我国农业科技建设方面仍存在不容忽视的问题：一是农业科技资源配置不合理的问题；二是农业科技投入强度仍显不足的问题；三是农业科研工作与生产脱节的问题；四是市场机制作用如何更好发挥的问题；五是配套改革政策的落实问题。[①]

上述现实问题的解决成为发展我国现代农业和推进新农村建设的迫切需要，更是应对国际化竞争和建设创新型国家的紧迫任务。遵照2005 年和 2006 年"中央一号文件"建立国家农业科技创新体系的精神，确保公共财政对农业科技投入的稳定增长，尽快提升我国农业科技原始创新能力，巩固和提升农业综合生产能力，加强科技对现代农业建设的支撑与引领，推进社会主义新农村和创新型国家建设，我国农业科技体制改革演进至建设国家农业科技创新体系的历史新阶段（各阶段的农业科技政策演变见图 1.2），表 1.2 为近年来中央一号文件关于支持农业科技发展的相关表述。

表 1.2　近年来中央"一号文件"关于支持农业科技发展的内容

年份	相关表述	年份	相关表述
2005	加快农业科技创新，提高农业科技含量	2012	依靠科技创新驱动，引领支撑现代农业建设

[①]《关于印发〈国家农业科技创新体系建设方案〉的通知》（农科教发［2007］3 号）的文件精神。

续表

年份	相关表述	年份	相关表述
2006	大力提高农业科技创新和转化能力	2013	加强农业科技创新能力条件建设和知识产权保护
2007	推进农业科技创新，强化建设现代农业的科技支撑	2014	推进农业科技创新
2008	着力强化农业科技和服务体系基本支撑	2015	强化农业科技创新驱动作用
2009	推进农业科技进步和创新	2016	强化现代农业科技创新推广体系建设
2010	提高农业科技创新和推广能力	2017	强化科技创新驱动，引领现代农业加快发展
2011	强化水文气象和水利科技支撑	2018	加快建设国家农业科技创新体系

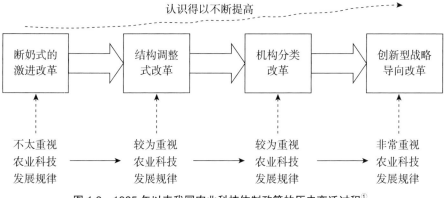

图 1.2 1985 年以来我国农业科技体制政策的历史变迁过程[①]

以创新型国家战略为导向的本轮变革是农业科技体制改革的攻坚阶段，是在我国进入工业化中期，已基本具备工业反哺农工业、城市带动乡村条件的现实背景下开展的，既适应社会主义市场经济现阶段发展特点，又符合农业科技发展基本规律。这一时期的改革致力于寻求体制和机制上的新突破，侧重在国家创新理论体系的引领下，遵循

---

① 张银定、钱克明：《我国农业科研体系的制度变迁与科研体制改革的绩效评价研究》，中国农业科学院，博士学位论文，2006 年。

"科学布局，优化资源，创新机制，提升能力"的总体设计思路，加快推进我国农业科技创新能力培育和技术创新效率的提升。农业科技创新体系作为国家创新体系的重要构成其建设任务是全方位的，既包括农业科学研究体系也包括农业技术推广体系，而农业科学研究体系的重点在于国家基地和区域性农业科研中心建设，农业技术推广体系的重点则是社会公益性的基层农业技术推广服务组织和中介机构建设。

截至目前，我国农业科技创新体系（其组织框架见图1.3）已经基本形成，并焕发出了引领现代农业发展的勃勃生机。但后期还要进一步明确农业科技创新与农业科技体制改革的方向和重点，这需加强以下方面工作：一要进行科技创新方向和重点的调整；二要完成农业技术推广与服务方式的转变；三要完成农业科技体制与管理机制创新；四要继续深化和完善农业科研院所的改革。[1]

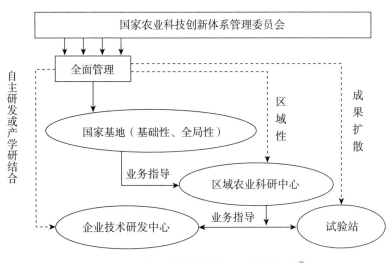

图1.3　国家农业科技创新体系组织结构框架[2]

[1]　农业农村部副部长张桃林的讲话稿《深入贯彻落实中央一号文件精神加快构建新型农业科技创新体系》，《农民日报》2012年2月13日第1版。

[2]　根据《国家农业科技创新体系建设方案》整理。

4.农业科技体制历史变迁的总结

自1985年我国农业科技体制改革政策的历史演进过程来看，虽然在表象上看是对农业科技体制的不断调整，但实质上是对财政在农业科技领域的投入方式及重点领域的改革和逐步调整，这在改革方向的选取上表现得尤为明显，几乎所有的农业科技政策与制度安排都是服从市场经济改革导向的。从这个意义上说，又可以将新中国成立以来农业科技变革分成以全额拨款为特征的农业科技事业投入阶段（即20世纪50—80年代中期）和以政府投入方式不断调整为特征的农业科技体制变革阶段（即20世纪80年代中期以来）。而在改革的内容和措施上，农业科技体制改革也是服从和服务于整个市场经济体制改革的总体目标的，充分体现了"市场导向"和"政府调控"的紧密结合，体现了"强制性制度变迁"和"诱致性制度变迁"的融合，见图1.4。[①]

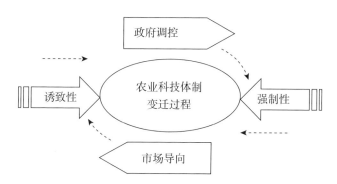

图1.4　我国农业科技体制改革的两"结合"

（二）现代农业产业技术体系建设规律的历史延续性及不同之处

现代农业是有别于传统意义上的农业，是充分发挥技术进步支撑

---

① 道格兰斯·C. 诺思：《制度、制度变迁与经济绩效》，杭行译，格致出版社2008年版；丹尼尔·C. 布罗姆利：《经济利益与经济制度——公共政策的理论基础》，陈郁、郭宇峰、汪春译，上海人民出版社1996年版。

与引领作用，突破资源和市场双重约束的新型农业发展方式。科技是第一生产力，为了全面提升我国农业科技自主创新能力，保障农产品供给安全，实现农业增产与农民增收，保障农业可持续发展，遵照现代农业和社会主义新农村建设的基本要求，在广泛开展调研和积极推进农产品优势区域布局规划基础上，国家自 2007 年起以农产品为单元，以产业为主线构建起了 50 个农产品的现代农业产业技术体系（China Agricultural Research System，CARS）。其基本的建设目标是："依照农产品优势区域布局规划，依托具有创新优势的现有中央和地方科技资源状况，紧紧围绕产业发展需求，以'农产品为单元，以产业为主线'，建设'从产地到餐桌、从生产到消费、从研发到市场'各个环节紧密衔接、环环相扣、服务国家全局的现代农业产业技术体系，以全面提升我国的农业科技创新能力，增强农业产业竞争实力"（见图 1.5）。

图 1.5　现代农业产业技术体系运行基本目标构成

　　现代农业产业技术体系由农业产业技术研发中心和综合试验站两个层级构成。[①]其具体的组织架构（见图 1.6），一方面是针对水稻、棉花、生猪、大豆、油菜等每个农产品，设置一个国家产业技术研发中心（一

---

　　① 整理自《现代农业产业技术体系建设实施方案（试行）》（财政部、农业部发文，财教〔2007〕410 号）。后文中若未做说明，"体系""农业技术体系"和"产业体系"即指现代农业产业技术体系。

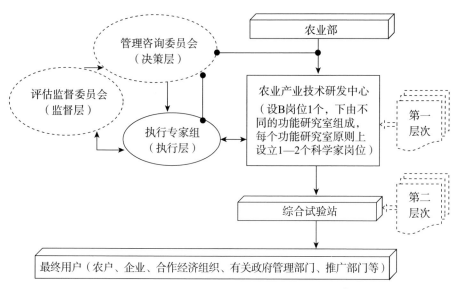

图 1.6 国家现代农业产业技术体系专项组织架构①

般由育种与种子、病虫害防控、栽培和土肥、机械、加工、产业经济
功能研究室组成），研发中心设一个首席科学家和若干个岗位科学家岗
位，每个功能研究室设一个主任和若干个研究岗位。现代农业产业技
术体系研发中心主要职责是根据产业技术发展需求开展基础研究工作；
进行关键和共性技术的攻关和集成，处理国家和区域层面的产业技术
发展的重大问题；对产业技术人员开展培训；收集、监测和分析产业
发展的动态信息；进行产业政策研究和咨询；开展相关学术活动；监
督和管理产业功能研究室和综合试验站的运行活动。另外，根据各自
农产品的区域生态和市场特点等的情况，在农产品的主产区设立若干
综合试验站，每个试验站设站长一名。现代农业产业技术体系试验站
主要职责是进行产业综合集成技术的试验与示范；对技术推广人员和
科技示范户进行培训，并开展相关技术服务；调查和收集农业生产实

---

① 课题组：《现代农业产业技术体系理论与实践》，中国财政经济出版社 2010 年版。

际问题与技术需求的情况，监测分析疫情、灾情等动态信息并协助处理有关问题。现代农业产业技术体系所要达到的基本目标有：一是"围绕产业发展需求，集聚优质资源，开展共性和关键技术的研究、集成、试验和示范"；二是"收集、分析产业及技术发展的动态信息，就产业技术发展规划和产业经济政策开展系统的研究分析，并为政府的科学决策建言献策，并及时向有关方面提供信息服务"；三是"积极推进技术示范和技术相关服务的开展"。

现代农业产业技术体系是公共财政科技投入的新形式（其他形式见图 1.7），其组织实施有其深刻的历史背景：一是农业产业发展受到资源与市场双重约束、经济增长与生态环境保护双重压力、农民增收与粮食供给保障双重挑战的影响越来越大，在农业领域迫切需求发展方式转移

图 1.7　公共财政涉农科技投入形式及启动时间

到依靠科技进步的良性轨道上来；二是国内外激烈的市场竞争环境，给国家农业产业安全带来了严重威胁；三是国家财政实力持续增强，有能力弥补财政在农业领域的"历史欠账"，因此在建设创新型国家和发展现代农业的导向下现代农业产业技术体系得以建立，其是新时期农业科技政策的重大调整与创新，是国家农业科技创新体系的重要组成部分。

　　然而现代农业产业技术体系不仅仅是国家农业科技体制结构调整的简单延续，总体来看，体系同既往出台的农业科技政策相比较有以下方面的突出特点（见图1.8）：（1）协商渠道畅通，资源打破部门、行业束缚配置得以优化。体系的建立实施总体上看实现了全国一盘棋，一方面部际间开展农业科技协商工作，切实加强对体系建设的组织领导和协商；另一方面在育种、病虫害防控、栽培和土肥、机械和加工、产业经济等方面的农业专家真正汇集一堂就本产业的重点性、基础性、前瞻性及应急性任务展开思想大讨论，彻底打破了部门、行业和学科的界限，广泛凝聚了农业科技力量。（2）财政科技投入有保障。上至中央，下到地方政府就现代农业产业技术体系建设都给予了稳定的资金与政策支持，充分调动了广大农业科技工作者的积极性（地方上已经有广东、山东等多个省市实施了本省的农业产业技术体系）。（3）科技工作和产业经济发展间建立起了有效链接机制。体系工作开展以充分的调研为基础，做到了全面了解用户需求和产业发展动态，另外在目标考核方面，并不片面强调论文或专著等的数量，更多地看重任务实施对各自产业健康发展的促进作用，从而有利于避免农业科研与生产实际脱节的情况发生。（4）运行机制的开放性。表现在这样几个方面：一是人员选择上通过文献和网络检索、同行专家推荐手段做到了因岗定人，真正做到了人尽其才；二是人员实现动态管理，鼓励合理流动；

三是考核制度的多元化，彻底将专家们从写申报书、参加答辩、签合同、各项检查等事务性工作中解脱出来；四是鼓励国内外的合作交流，增强农业科技创新的互补性。（5）配套政策有保障。进一步规范了项目投资与资金管理、人事和社会与管理、知识产权管理等方面的制度，为现代农业产业技术体系的组织实施减少了阻力。上述特点也是"合理划分责任，强化协同合作、遵从产业规律，推进协调发展、强化制度设计，规范内部管理、稳定经费渠道"等体系实施原则的具体体现。如果将以往的863、973、948和国家自然科学基金等重大农业科技项目（计划）比喻为连接农业基础科研与农业技术应用桥梁的"桥墩"，那么现代农业产业技术体系则可以视作农业基础科研与农业技术应用相衔接的"桥面"，体系的建立和发展完善为农业科技优势资源的整合提供了重要平台，最终将实现农业科技与农业生产的紧密结合。

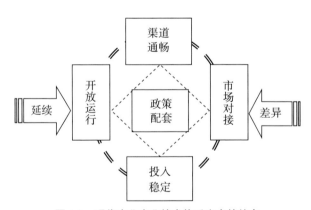

图1.8　现代农业产业技术体系突出的特点

　　总体而言，现代农业产业技术体系是在市场经济体制改革不断走向深入条件下公共财政投入寻求机制创新的一种形式，是农业科技体制改革政策措施结构调整中的重要内容，也是国家农业科技创新体系建设的延续和重要组成部分，加快推进现代农业产业技术体系建设对提高国家农业科技创新能力，保障粮食安全和农业增效、农民增收具有特殊的时代意义。

现代农业的发展必然离不开现代农业科技的强力支撑，而完善和运转顺畅高效的农业产业技术体系是发挥农业科技对农业发展支持的重要举措。现代农业是相对于传统农业而言的发达农业，它以提高土地生产率、劳动生产率、资源利用率和增强农业的抗风险能力、国际竞争力、可持续发展能力为目标，而利用现代产业体系提升农业作为其中重要的方面已在中央一号文件中多次被提及。[①] 做大、做强现代农业产业体系需要科技给予强力支撑，而财政投入则是科技创新产出持续供给的重要物质基础。近年来，在国家重大涉农财政支出计划的支持下，依照优势农产品区域布局规划，依托具有创新优势的现有中央和地方科研力量和科技资源，围绕产业发展需求，以产品为单元，以产业为主线，自 2007 年起，中国先后启动了水稻、玉米、小麦、油菜、大豆等 50 个主要农产品的国家现代农业产业技术体系重大专项建设（China Agricultural Research System，CARS）其组织架构见图 1.6，这 50 个研发专项中，既有大豆、水稻、蔬菜、生猪等大宗农产品，也有食用菌、荔枝龙眼、水禽等与农民收入高度相关但过去科研不够重视的特色农产品，也有谷子、茶叶、蜂、蚕桑等有着悠久历史的传统农产品，还有啤酒大麦、甘薯、木薯、酿酒葡萄等新兴工业原料的支撑农产品产业。国家现代农业产业技术体系是新时期探索农业科技为现代农业建设提供有效服务的重要尝试，也是在既定的科研管理体制和部门管理体制下，寻求农业科研、农技推广与农业生产实际紧密结合

---

① 王雅鹏：《推进湖北省现代农业发展的思考》，《华中农业大学学报（社会科学版）》2011年第 4 期。

的重要举措。目前，国家现代农业产业技术体系已成为一个庞大的专门为农业产业发展提供有效支撑的科技服务网络，取得了一定的效果，但是现阶段体系仍处于"边摸索，边前进"的关键时期，因此有必要准确把握现代农业产业技术体系成立以来的协同创新状况，这将有助于进一步完善现代农业产业技术体系协同创新机制与各项内部管理制度，以进一步提升现代农业产业技术体系管理水平，提高体系的协同创新绩效，增强公共财政科技支农资金的使用效率。为了全面、客观、准确把握体系协同创新状况，特对现代农业产业技术体系协同创新和管理中的相关情况开展了广泛调研与统计调查工作，以下内容便就获取的现代农业产业技术体系协同创新相关情况展开阐述。

二、基于统计资料的基本信息阐述

为了全面了解现代农业产业技术体系协同创新现状，在各现代农业产业技术体系的首席科学家、岗位科学家、综合试验站站长、团队成员、依托单位以及非体系内的科研人员和相关管理部门的共同协助下，本书课题组依托现代农业产业技术体系重大专项平台，根据不同产品及地区特征，对现代农业产业技术体系协同创新过程中的相关主体包括首席和岗位科学家、综合试验站站长和依托单位的相关负责人或管理人员，进行了访问、座谈和小型会议交流或开展实际调研，并收集了一套统计研究资料，该资料共涉及33类现代农产品产业技术体系，遍布全国31个省、自治区、直辖市，调查问卷见附录1（现代农业产业技术体系内组成人员的统计调查问卷）。

（一）问卷涉及的现代农产品产业技术体系

此次调查共涉及33类现代农产品产业技术体系，有效问卷共计

2359 份，其中 A1 产业技术体系（91 份）、A2 产业技术体系（172 份）、
A3 产业技术体系（141 份）、A4 产业技术体系（177 份）、A5 产业技术
体系（129 份）、A6 产业技术体系（218 份）、A7 产业技术体系（115 份）、
A8 产业技术体系（53 份）、A9 产业技术体系（30 份）、A10 产业技术
体系（73 份）、A11 产业技术体系（7 份）、A12 产业技术体系（1 份）、
A13 产业技术体系（42 份）、A14 产业技术体系（100）、A15 产业技术
体系（72 份）、A16 产业技术体系（101 份）、A17 产业技术体系（44 份）、
A18 产业技术体系（226 份）、A19 产业技术体系（23 份）、A20 产业技
术体系（7 份）、A21 产业技术体系（42 份）、A22 产业技术体系（92 份）、
A23 产业技术体系（2 份）、A24 产业技术体系（5 份）、A25 产业技术
体系（103 份）、A26 产业技术体系（156 份）、A27 产业技术体系（56
份）、A28 产业技术体系（5 份）、A29 产业技术体系（1 份）、A30 产业
技术体系（5 份）、A31 产业技术体系（3 份）、A32 产业技术体系（61
份）、A33 产业技术体系（1 份），见表 1.3。

表 1.3　各个产业技术体系人员身份类型统计

所属产业技术体系	B 岗位专家	A 岗位专家	C 岗位专家	团队成员	依托单位管理人员	体系外科技人员	其他	合计
A1	1	8	9	72	1	0	0	91
A2	1	22	22	123	4	0	0	172
A3	1	21	13	103	1	2	0	141
A4	1	19	21	122	13	11	6	177
A5	1	21	22	86	1	1	1	129
A6	1	24	23	164	4	1	1	218
A7	1	13	12	89	0	0	0	115
A8	1	18	18	16	0	0	0	53

续表

所属产业技术体系	B岗位专家	A岗位专家	C岗位专家	团队成员	依托单位管理人员	体系外科技人员	其他	合计
A9	0	4	3	23	0	0	0	30
A10	0	9	13	51	0	0	0	73
A11	0	1	0	6	0	0	0	7
A12	1	0	0	0	0	0	0	1
A13	0	16	19	6	0	1	0	42
A14	1	14	15	68	2	0	0	100
A15	1	9	10	49	1	1	1	72
A16	1	19	17	62	2	0	0	101
A17	1	7	10	22	2	2	0	44
A18	1	24	24	171	2	3	1	226
A19	1	8	7	7	0	0	0	23
A20	0	2	0	5	0	0	0	7
A21	1	8	10	22	0	0	1	42
A22	1	7	9	68	0	6	1	92
A23	0	2	0	0	0	0	0	2
A24	0	3	2	0	0	0	0	5
A25	1	12	20	66	1	1	2	103
A26	1	27	26	100	1	1	0	156
A27	1	17	12	24	0	0	2	56
A28	0	0	0	5	0	0	0	5
A29	0	1	0	0	0	0	0	1
A30	0	0	1	4	0	0	0	5
A31	0	0	1	1	1	0	0	3
A32	1	12	5	43	0	0	0	61
A33	0	0	1	0	0	0	0	1
合计	21	340	350	1555	36	41	16	2359

注：关于体系成员的归属，统计资料中有5位受访者未给出其所属的产业技术体系。

（二）被调查人员身份构成

33 类现代农产品产业技术体系的被调查人员中，B 岗位专家 21 人，分别占全部农产品产业技术体系比重和统计资料样本总体的 42.00% 和 0.89%；A 岗位专家 340 人，占统计资料样本总体的 14.41%；C 岗位专家 350 人，占统计资料样本总体的 14.84%；现代农业产业技术体系团队成员 1555 人，所占比重为 65.92%；依托单位管理人员 36 人，所占比重为 1.53%；现代农业产业技术体系外科技人员 41 人，所占比重为 1.74%；其他人员 16 人，所占比重为 0.67%，见表 1.4、图 1.9。

表 1.4　被调查人员身份结构情况

被调查人员身份	人数（人）	占全部人数的比重（%）
B 岗位专家	21	0.89
A 岗位专家	340	14.41
C 岗位专家	350	14.84
现代农业产业技术体系团队成员	1555	65.92
依托单位管理人员	36	1.53
现代农业产业技术体系外科技人员	41	1.74
其他	16	0.67
合计	2359	100.00

注：在核算各类被调查人员身份所占的比重时，比重数值在保留 2 位小数时均采取了四舍五入，因存在无限循环小数的原因，致使各比重相加之和结果可能为 99.99% 或 100.01%。下同。

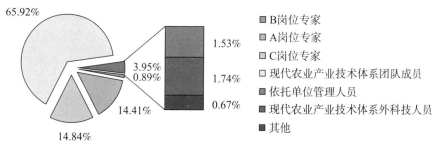

图 1.9　被调查人员的身份结构

（三）现代农业产业技术体系依托单位的区域分布状况及特征

1. 依托单位区域分布状况

现代农业产业体系共涉及 50 类农产品，依托不同的科研单位，遍布全国各省、自治区、直辖市，对中国现代农业的发展产生了巨大的推动作用。现代农业产业技术体系依托单位及人员分布于东部地区居多，占到 39.11%，其中依托单位为北京的调查对象占东部地区所有调查对象的 20.85%，占全部调查对象的 8.16%；有 849 个调查对象的依托单位在中部地区，占全部调查对象的 36.25%；西部地区最少，只有不到 24.64% 比例的调查对象依托单位位于西部地区。另外，统计资料还显示，东部地区涵盖了调查所涉及的 33 个现代农产品产业技术体系中的 28 个，比重高达 84.85%，其中北京市涉及农产品产业技术体系中的 15 个，占东部地区的 53.57%，占全部被调查体系的 45.45%，西部地区涵盖了调查所涉及的 33 个现代农产品产业技术体系中的 26 个，占全部被调查体系的 78.79%，中部地区则涵盖了调查所涉及的 33 个现代农产品产业技术体系中的 25 个，占全部被调查体系的 75.76%，见表1.5。以上数据分析可以看出，目前现代农业产业技术体系区域分布差异并不明显，呈均衡布局态势。

表 1.5　现代农业产业体系依托单位地域分布差异

地区	涉及省份	问卷分布		现代农产品产业技术体系分布	
		数量（份）	比重（%）	体系数量	比重（%）
东部地区	11	916	39.11	28	84.85
中部地区	9	849	36.25	25	75.76
西部地区	11	577	24.64	26	78.79

续表

地区	涉及省份	问卷分布		现代农产品产业技术体系分布	
		数量（份）	比重（%）	体系数量	比重（%）
北京市	1	191	—	15	45.45
合计	31	2342	100.00	—	—

注：东部地区中包括北京市，另外，要说明的是，其中有 17 份调研问卷未表明所属省份。因北京市集中了较多的现代农业产业技术体系及各类岗位专家，具有特殊性和代表性，故在表格中单独进行了展示。

2. 依托单位性质

调研数据显示，国家现代农业产业技术体系建设依托于不同性质的单位，而科研单位和高等院校是现代农业产业技术体系的主要依托对象，这其中依托科研单位的调查样本占到了 60.86%，依托单位为高等院校的占到了 18.65%。此外，国家现代农业产业技术体系建设依托单位还有企业、推广机构、事业单位及其他性质的单位，比例分别为 8.00%、1.20%、11.80%、0.48%，见表 1.6。由此可见，现代农业产业技术体系依托单位性质差异化较大，但分布较为集中于科研单位和高等院校。

表 1.6　现代农业产业技术体系依托单位分布情况

单位性质	科研单位	高等院校	企业	推广机构	事业单位	其他
比例（%）	60.86	18.65	8.00	1.20	11.80	0.48

三、现代农业产业体系协同创新现状分析

（一）现代农业产业技术体系协同创新现状的总体评价

1. 总体评价

在对现代农业产业技术体系的协同创新在总体上进行评价时，应

着眼于其在现代农业发展所带来的重大推动作用及在农业生产上的重要贡献等方面。调查数据显示，有 34.80% 的被调查人员对当前现代农业产业技术体系的协同创新现状表示非常满意，48.28% 的被调查人员表示较满意，表示满意的占 16.15%，仅有 0.47% 的被调查人员对当前现代农业产业技术体系协同创新的总体状况表示不满意或者非常不满意，另有 6 个被调查人员未作答。

数据显示，被调查人员普遍认可现代农业产业技术体系建设对推动农业发展所具有的作用，其中 64.23% 的被调查人员认为体系建设对推动中国农业发展具有非常大的作用，28.57% 被调查人员认为推动作用较大，6.57% 认为推动作用大，仅有 0.34 的被调查人员认为推动作用不大或者很小，见表 1.7。

表 1.7 现代农业产业技术被调查人员就现代农业产业技术体系对农业发展推动作用的认可程度

| | 现代农业产业技术体系建设对推动中国农业发展所具有的作用 | | | | | |
	很大	较大	大	不大	很小	未作答
人数（人）	1515	674	155	8	1	6
比重（%）	64.23	28.57	6.57	0.34	0.04	0.25

从被调查人员的身份来看，B 岗位专家充分肯定了现代农业产业技术体系的建立，在推动中国农业发展所呈现出的巨大作用，其中 75.86% 的 B 岗位专家认为，现代农业产业技术体系的建立对推动中国农业发展具有非常大的作用，20.69% 认为推动作用较大，认为推动作用大的 B 岗位专家占 3.45%；A 岗位专家也较认同现代农业产业技术体系的建设对推动现代农业发展上具有不可替代的作用，其中 79.59% 的 A 岗位专家认为现代农业产业技术体系的建设对推动农业发展具有非常大的作用，17.75% A 岗位专家认为推动作用较大，2.37% 的 A 岗

位专家认为推动作用大；C岗位专家是现代农业产业技术体系中第二层级的工作人员，他们接触农业生产实际多，较能感受现代农业产业技术体系的建设对推动中国农业发展的作用程度。对统计资料整理后发现，C岗位专家较认可现代农业产业技术体系建设在推动农业发展中具有重要作用，其中有73.41%的C岗位专家认为现代农业产业技术体系建设对推动农业发展具有非常大的作用，23.75%的C岗位专家认为现代农业产业技术体系建设对推动农业发展具有较大作用，认为作用大的仅占4.69%的比重；此外，现代农业产业技术体系团队人员、依托单位管理人员、现代农业产业技术体系外科技人员及其他等被调查人员也较认可现代农业产业技术体系建设对推动中国农业发展所具有的作用。当然，还得知B、A及C等岗位专家对现代农业产业技术体系发挥作用的认可程度要明显高于现代农业产业技术体系团队人员及现代农业产业技术体系外相关人员的认可程度，这也反映出了被调查人员岗位类别的不同对现代农业产业技术体系建设的理解和认同的不一致，见表1.8。

表 1.8　不同岗位人员对现代农业产业技术体系建设在农业发展中作用的认可度

岗位类型	现代农业产业技术体系建设对推动中国农业发展所具有的作用（%）				
	非常大	较大	大	不大	很小
B岗位专家	75.86	20.69	3.45	0	0
A岗位专家	79.59	17.75	2.37	0	0
C岗位专家	73.41	23.75	4.69	0	0
团队成员	59.36	31.64	8.10	0.51	0.06
依托单位管理人员	58.33	36.11	5.56	0	0
体系外科技人员	56.10	43.90	0	0	0
其他	68.42	15.79	15.79	0	0

注：部分被调查人员存在不作答或进行多选的情况。

另一方面，对当前现代农业产业技术体系建设对农业生产贡献度的调查显示，绝大多数被调查人员认同现代农业产业技术体系建设对农业生产发展的贡献作用，其中 33.56% 的被调查人员认为现代农业产业技术体系建设对农业生产的贡献度很高，47.30% 的被调查人员认为贡献度较高，认为高的被调查人员占 16.61%，仅有不到 3% 比例的被调查人员认为贡献度较低或很低。从区域分布差异来看，各区域在现代农业产业技术体系建设对农业生产贡献度的观点趋于一致，基本认为现代农业产业技术体系建设对农业生产的贡献度很高或较高，见表 1.9 和图 1.10。

表 1.9　被调查人员就现代农业产业技术体系建设对农业生产的贡献度调查

地区	体系建设对农业生产的贡献度（%）				
	很高	较高	高	较低	很低
东部地区	31.22	49.13	16.16	2.29	0
中部地区	36.75	46.05	14.49	1.77	0
西部地区	31.89	44.19	19.76	2.77	0.17
北京	34.55	38.74	20.94	4.19	0
总体	33.56	47.30	16.61	2.27	0.04

注：部分被调查人员未告知答案。

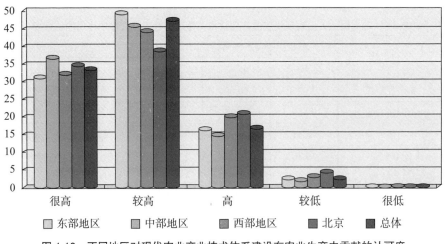

图 1.10　不同地区对现代农业产业技术体系建设在农业生产中贡献的认可度

从现代农业产业技术体系交流平台的协同创新及管理上来看，统计数据显示，有96.48%的被调查人员对当前现代农业产业技术体系交流平台的协同创新及管理表示满意，仅不到1.60%比例的被调查人员表示不满意，其中"体系交流平台存在不对外部公众公开，无法接受社会的舆论监督"的问题较受被调查人员关注，另有1.95%的被调查人员对该项问题未作出回答。同时，调查还显示，不同岗位的被调查人员对现代农业产业技术体系交流平台协同创新及管理现状的满意度不尽一致，其中B岗位专家和体系外相关人员的满意度最高，达到100%，其次是A岗位专家，满意度高达98.24%，接下来依次是：团队成员98.16%，C岗位专家96.29%，依托单位管理人员94.29%，见表1.10。

表1.10　被调查人员就现代农业产业技术体系交流平台协同创新及管理满意度

身份	满意		不满意	
	人数（人）	比重（%）	人数（人）	比重（%）
B岗位专家	21	100.00	0	0
A岗位专家	334	98.24	6	1.76
C岗位专家	337	96.29	1	0.29
团队成员	1494	98.16	28	1.84
依托单位管理人员	33	94.29	2	5.71
体系外科技人员	41	100.00	0	0
其他	16	100.00	0	0
总体	2276	96.48	37	1.57

注：有部分被调查人员来作答。

2.体系的日常运行

现代农业产业技术体系的日常协同创新状况好坏主要表现在以下4个方面：

（1）个人目标与体系目标的一致性。

从整体上看，被调查人员认为个人目标与体系目标完全一致的占

26.71%，基本一致的占 70.09%，不确定个人目标与体系目标一致性的被调查人员占 2.94%，认为不一致的被调查人员仅占 0.22%；从被调查人员不同岗位身份来看，除依托单位管理人员认识波动较大外，其他不同岗位的被调查人员的观点趋于一致，与总体调查结果基本吻合，见表 1.11、图 1.11。

表 1.11　不同身份成员对个人目标与现代农业产业技术体系目标一致性的认识

岗位类型	个人目标与体系目标一致性（%）				
	完全一致	基本一致	不确定	不一致	完全背离
B 岗位专家	26.09	69.57	4.35	0	0
A 岗位专家	28.24	69.71	1.47	0.59	0
C 岗位专家	28.70	68.93	2.06	0	0
团队成员	26.33	70.38	3.16	0.13	0
依托单位管理人员	20.00	68.57	11.43	0	0
体系外科技人员	28.57	62.86	5.71	2.86	0
总体	26.71	70.09	2.94	0.22	0

注：有部分被调查人员未作答。

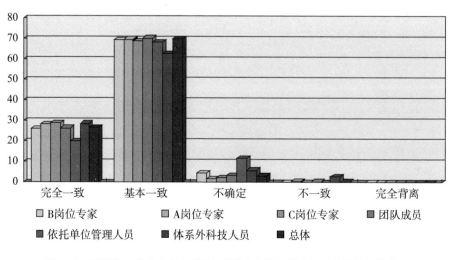

图 1.11　不同身份成员对个人目标与现代农业产业技术体系建设目标的认识

（2）不同现代农业产业技术体系之间岗位专家的交流。

不同现代农业产业技术体系之间岗位专家的交流对活跃体系工作气氛、完善体系文化具有重要意义。数据统计显示，有60.56%岗位专家表示不同产业技术体系之间会经常交流，另外39.44%的被调查人员则表示交流较少或不存在交流。当询问被调查人员平时采取何种交流方式时，获知电话、邮件等方式采用较多。另外，随着现代信息交流手段的不断普及，电话和邮件成为各岗位专家交流的最主要方式，分别有82.57%和74.91%的被调查人员通过电话和邮件与其他体系岗位专家进行信息互换与沟通，仅有2.64%的岗位专家通过会议的方式开展合作交流，另外还有22.45%的被调查人员通过其他方式与各产业技术体系岗位专家保持交流，见表1.12。

表1.12　不同现代农业产业技术体系之间岗位专家交流方式

交流方式	电话	邮件	会议	其他
比重（%）	82.57	74.91	2.64	22.45

注：专家间跨体系交流存在采用多种方式的情况，其他包括开展研究合作、拜访等方式。

从调查人员身份类型来看，由于职能分工不一，调查发现B岗位专家更倾向于采取会议交流的方式，有65.22%比例的B岗位专家通过会议方式与各体系岗位专家进行交流；对于A岗位专家而言，分别有79.81%、78.40%、66.67%比例的A岗位专家通过会议、电话及邮件三种交流方式与其他岗位专家进行交流；另外，C岗位专家则较多的采用电话工具保持与各个体系岗位专家的日常交流，占到C岗位专家调查样本总数的86.81%。

从会议交流的平均次数看，在一个年度里，B岗位专家平均与其他产业技术体系专家交流 5.30 次，A 岗位专家平均为 4.30 次，C 岗位专家平均交流为 3.10 次，团队成员为 2.40 次，呈依次下降趋势，见表 1.13。

表 1.13　各岗位专家通过会议交流平均次数

岗位性质	B 岗位专家	A 岗位专家	C 岗位专家	团队人员
平均交流次数（次）	5.30	4.30	3.10	2.40

除会议交流方式外，电话和邮件成为各调查对象与其他产业技术体系的岗位专家进行交流的主要工具。调查显示，B 岗位专家年平均交流人次最多，达到 19 人次；A 岗位专家次之，达到 14 人次；C 岗位专家与体系团队成员的年平均交流人次相差不大，分别为 7 人次和 6 人次，见图 1.12。

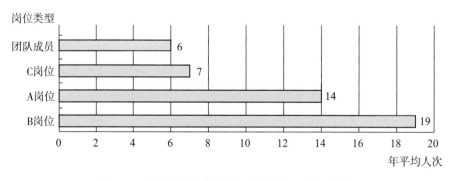

图 1.12　各岗位专家除会议交流方式外平均交流人次

（3）各产业技术体系内不同领域岗位专家交流情况。

产业技术体系内部各领域岗位专家的交流有利于各专家准确把握该产业技术体系的相关状况，确保产业技术体系运行顺畅。一方面调查显示，95.11% 的被调查人员表示会经常与本产业技术体系内其他岗位专家进行交流，只有不到 5% 的被调查人员表示与本产业技术体系内的岗位专家缺乏交流或者交流不够；另一方面从被调查人员与其他领域岗位专家交流的平均人次来看，体系内各领域岗位专家平均交流人次差异较大，其中 B 岗位专家交流人次最多，平均达到 50 人次；A 岗位专家次之，平均达到 25 人次，仅为 B 岗位专家的一半；C 岗位专家除会议交流方式外，平均交流为 13 人次，仅为 B 岗位专家的 26%；团队成员平均交流为 9 人次，不足 B 岗位专家的五分之一，见图 1.13。

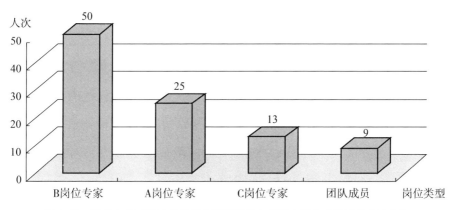

图 1.13　现代农业产业技术体系内部各岗位专家除会议方式外平均交流人次

此外，从所采取的交流方式来看，会议、电话及邮件这三种方式已经成为被调查人员沟通交流的最主要方式。调查显示，分别有 90.49%，88.32%，83.98% 的被调查人员通过这三种方式开展科研合作和信息交流。从交流频次上看，调查显示，B 岗位专家通过会议方式与产业技术体系内部各岗位专家交流的平均次数多达 21.70 次；C 岗位专家和 A 岗位专家次之，分别达到 8.70 次、8.60 次，团队成员最少，只有 4.40 次，见图 1.14。

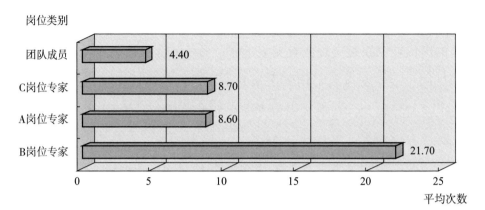

图 1.14　现代农业产业技术体系内部岗位专家通过会议交流的平均次数

（4）不同岗位类型的被调查人员融入本产业技术体系工作和团体环境的程度。

从产业技术体系工作占用被调查人员工作时间角度来看：调查显示，首先是 69.57% 的 B 岗位专家花了 80% 以上的时间用于现代农业产业技术体系工作，69.57% 的比例要略高于其他岗位的体系人员；其次是 A 岗位专家，统计显示有 65.59% 的 A 岗位专家花了 80% 以上的时间在现代农业产业技术体系工作上；再次是 C 岗位专家，统计显示有 63.72% 的 C 岗位专家花 80% 以上的时间在现代农业产业技术体系工作，团队成员最少，只有 41.66% 的成员能保证 80% 以上的时间用于现代农业产业技术体系工作中，见表 1.14。

表 1.14　不同岗位类型人员现代农业产业技术体系工作时间比例差异

岗位类型	体系工作时间比例				
	80% 以上	60%—80%	40%—60%	20%—40%	20% 以下
B 岗位专家	69.57	30.43	0	0	0
A 岗位专家	65.59	31.76	2.35	0.29	0
C 岗位专家	63.72	32.45	3.24	0.29	0.29

岗位类型	体系工作时间比例				
	80% 以上	60%—80%	40%—60%	20%—40%	20% 以下
团队成员	41.66	27.80	23.01	6.42	1.11
总体	42.87	38.90	13.73	3.83	0.67

当问及各岗位专家融入体系工作过程和团体环境的程度时，调查结果显示，各岗位专家总体上有 71.45% 已经完全融入现代农业产业技术体系的工作过程和团队环境中，另有 28.19% 反映正在慢慢融入，仅有 0.36% 的被调查人员表示还未融入现代农业产业技术体系的各项工作及环境中。从不同岗位类型来看，各岗位专家融入现代农业产业技术体系工作和环境均呈现较好态势，其中 B 岗位专家融入程度最高，被调查到的 B 岗位专家样本表示已完全融入体系的各项工作过程中，几乎所有的 A 岗位专家已经完全融入或者正在慢慢融入现代农业产业技术体系的工作过程和团队环境，另外团队成员也仅有 0.54% 未融入现代农业产业技术体系工作过程和团队环境，见表 1.15。

表 1.15　不同岗位类型人员融入体系工作过程和团队环境的程度

岗位类型	融入现代农业产业技术体系工作和团体环境的程度（%）		
	完全融入	正在慢慢融入	还未融入
B 岗位专家	100.00	0	0
A 岗位专家	89.71	10.29	0
C 岗位专家	87.87	12.13	0
团队成员	63.82	35.64	0.54
总体	71.45	28.19	0.36

从区域差异来看，中部地区被调查对象的融入程度最高，有比例

75.71% 的被调查人员表示已经完全融入现代农业产业技术体系工作过程和团体环境中，其余的 24.29% 也正在慢慢融入现代农业产业技术体系工作和团队环境；东部地区次之，完全融入现代农业产业技术体系工作过程和团体环境的占到 70.59% 的比例，有 29.30% 的被调查人员表示正在慢慢融入，仅有 0.11% 尚未融入；西部地区现代农业产业技术体系工作人员的融入程度最差，尚有 32.79% 比例的被调查对象未完全融入现代农业产业技术体系工作过程和团队环境，见表 1.16。

表 1.16　不同区域的岗位专家融入体系工作和团体环境的程度

区域	融入体系工作过程和团体环境的程度（%）		
	完全融入	正在慢慢融入	还未融入
东部地区	70.59	29.30	0.11
中部地区	75.71	24.29	0
西部地区	67.21	31.69	1.10
总体	71.45	28.19	0.36

综合而言，一方面，各岗位专家融入本产业技术体系工作和团体环境的程度与其用于现代农业产业技术体系工作的时间有一定的正向关系，随着现代农业产业技术体系工作时间投入越多，各岗位专家融入现代农业产业技术体系工作过程和团体环境的程度越高；另一方面，各岗位专家融入现代农业产业技术体系工作过程和团体环境的程度区域差异不大，融入程度基本上是中部地区的受调查者最好，东部次之，西部略落后于东部。

3. 现代农业产业技术体系的经费管理

经费管理制度是现代农业产业技术体系协同创新管理制度的重要组成部分，其完善程度关乎整个现代农业产业技术体系能否顺畅运转，以下内容便是就现代农业产业技术体系目前的经费管理现状进行的分析。

（1）经费满足实际工作需要程度。

总体上来看，目前的经费支持情况尚不符合各岗位专家的实际需求。调查显示，认为现代农业产业技术体系经费能够完全满足实际工作需要的被调查人员仅占 7.73% 的比例，另外 27.06% 的被调查人员认为现代农业产业技术体系经费能够满足工作需要，而 41.86% 的被调查人员认为现代农业产业技术体系经费仅能够基本满足工作需要，另有23.35% 的被调查人员认为现代农业产业技术体系经费不能满足工作需要，见图 1.15。

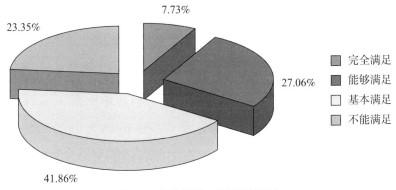

图 1.15 经费满足工作需要的程度

从不同岗位类型来看，大部分岗位专家认为现代农业产业技术体系经费能够满足或者基本满足工作需要，但是也有一部分岗位专家认为现代农业产业技术体系经费不能满足工作需要，其中以 C 岗位专家表现得最为明显，有 39.29% 的 C 岗位专家表示现代农业产业技术体系经费不能满足其工作需要，B 岗位专家次之，有 21.74% 的 B 岗位专家表示现代农业产业技术体系经费不能满足实际工作需要，而仅有 7.85%的 A 岗位专家认为经费不足以保证工作的顺利开展，见表 1.17。

表 1.17　现代农业产业技术体系经费满足不同岗位工作需要程度

岗位类型	体系经费满足工作需要程度（%）			
	完全满足	能够满足	基本满足	不能满足
B 岗位专家	4.35	30.43	43.78	21.74
A 岗位专家	18.02	37.79	36.34	7.85
C 岗位专家	1.19	15.18	44.35	39.29
总体	7.73	27.06	41.86	23.35

（2）经费用于现代农业产业技术体系工作的比重及经费支出的合规性。

调查显示，总体上高达 83.29% 的岗位专家经费用于现代农业产业技术体系相关工作的比重达到 95%—100%，仅有不到 1% 的人员其经费用于现代农业产业技术体系工作的比重低于 60%。从不同岗位类型上看，有 91.30% 的 B 岗位专家经费用于现代农业产业技术体系工作的比重高达 95%—100%，剩下的 B 岗位专家经费用于现代农业产业技术体系的比重则处于 85%—95%，有 88.96% 的 A 岗位专家经费用于现代农业产业技术体系工作的比重达到 95%—100%，10.75% 的 A 岗位专家经费用于现代农业产业技术体系工作的比重为 85%—95%，此外 84.98% 的 C 岗位专家经费用于体系工作的比重达到 95%—100%，见表 1.18。

表 1.18　各岗位其经费用于现代农业产业技术体系工作的比重

岗位类型	经费用于体系工作的比重（%）				
	95%—100%	85%—95%	75%—85%	60%—75%	60% 以下
B 岗位专家	91.30	8.70	0	0	0
A 岗位专家	88.96	10.75	0.29	0	0
C 岗位专家	84.98	12.91	1.80	0.30	0
总体	83.29	13.90	1.34	0.51	0.96

在现代农业产业技术体系费用支出的合规性方面，调查显示 B 岗位专家经费支出的合规性最高，95.65% 比例的 B 岗位专家经费支出合规性在 85% 以上，这其中又有 73.91% 比例的 B 岗位专家经费支出合规性在 95%—100%，21.74% 比例的 B 岗位专家的经费支出合规性在 85%—95%，仅有不到 5% 比例的 B 岗位专家的经费支出合规性在 75% 以下；C 岗位专家的经费支出合规性次之，94.03% 比例的 C 岗位专家的经费支出合规性在 85% 以上，这其中位于 95%—100% 的占 60.00% 比例，而经费支出合规性在 85%—95% 的占 34.03% 比例；A 岗位专家经费支出合规性在 95%—100% 的占 56.30%，在 85%—95% 的占 38.42%，仅有 5.28% 的 A 岗位专家经费支出合规性在 85% 以下，其中 65%—75% 的占 1.17%，见表 1.19。

表 1.19　各岗位专家经费支出合规性调查

岗位类型	经费支出的合规性调查（%）				
	95%—100%	85%—95%	75%—85%	65%—75%	65% 以下
B 岗位专家	73.91	21.74	0	4.35	0
A 岗位专家	56.30	38.42	4.11	1.17	0
C 岗位专家	60.00	34.03	4.78	1.19	0
总体	60.21	33.46	4.78	1.18	0.37

（3）各岗位专家对经费管理的满意程度及管理上面临的主要问题。

从总体上看，目前绝大多数岗位专家对现代农业产业技术体系经费的管理非常满意或基本满意，仅有不到 6% 的岗位专家表示对当前现代农业产业技术经费管理不甚满意。就不同岗位类型的专家来说，他们对现代农业产业技术体系经费管理现状的态度基本一致，总体有 21.20% 的被调查人员对当前经费管理现状表示非常满意，有近 73.46%

的被调查人员表示对当前经费管理现状基本满意，仅有 5.34% 表示不满意，其中 B 岗位专家表示不满意的比重最高，达到 8.70%，A 岗位专家次之，为 6.38%，C 岗位专家表示不满意的比重较小，仅为 3.28%，见表 1.20。

表 1.20　经费管理现状满意程度调查

岗位类型	经费管理现状的满意程度（%）		
	非常满意	基本满意	不满意
B 岗位专家	17.39	73.91	8.70
A 岗位专家	20.29	73.33	6.38
C 岗位专家	20.00	76.72	3.28
总体	21.20	73.46	5.34

另外，在调查及访谈中得知当前体系在经费管理中存在的主要问题有以下方面的内容：（1）"立项"和"经费划拨"由不同部门掌管，部门间协调、衔接脱节导致经费划拨不及时；（2）经费使用不规范；（3）项目经费支出比例不合理；（4）实际经费支出无法正常报销；（5）单位财务管理与国家制度要求存在偏差等。这其中经费划拨不及时是当前经费管理中存在的最大问题，项目经费支出比例不合理次之，再次是实际经费支出无法正常报销的问题，最后是单位财务管理与国家制度要求存在偏差，而在经费使用规范性方面上反映出的问题最小。

4. 现代农业产业技术体系人员的考核及评价

（1）现代农业产业技术考核标准。

现代农业产业技术体系考核内容主要包括基础性工作、论文专利等技术成果、人才培养、技术培训与推广、日志数量、经费使用情况等内容执行的情况。总体上看，在所有考核内容中，有 53.80% 的被调查人员对基础性工作这一考核标准最为认可，有 27.91% 的被调查人员最为认可技术培训与推广这一考核标准。另外，认同论文专利等技术成果考核标准的样本占到了 10.93%，而将日志数量与经费使用情况作为考核标准的认可率最低。

从不同的岗位类型来看，各岗位专家对考核标准的认识不尽相同。有 42.86% 的 B 岗位专家最为认可基础性工作这一考核标准，23.81% 最为认可论文专利等科技成果这一考核标准，另有 23.81% 的 B 岗位专家表示认可其他的考核标准；有 56.60% 的 A 岗位专家最为认可基础性工作考核标准，17.30% 最为认可论文专利等科技成果这一考核标准，13.84% 最为认可技术培训与推广这一考核标准，另有 10.38% 的 A 岗位专家提出了其他的考核标准，A 岗位专家对其余考核标准的认可率较低；C 岗位专家由于更多地接触农业生产第一线，因此基础性工作、技术培训与推广是其最为认可的考核标准，认可率分别达到 53.09%、32.13%，而其他考核标准的认可率均较低。团队成员对基础性工作这一考核标准最为认可，认可率达到 53.80%；其次是技术培训与推广考核标准，认可率达到 29.79%；最后是论文专利等科技成果，认可率达到 11.26%，其余考核标准的认可率较低。由此看来，各岗位专家由于其工作性质和岗位职能不同，其所倾向的考核标准也不尽一致，但相同之处在于各岗位专家对基础性工作这一考核标准的认可程度是最高的。

至于各个标准在现代农业产业技术体系工作考核中所占的比例：总体上看，被调查人员认为考核标准应以基础工作、论文专利等技术成果、技术培训与推广三大标准为主，其所占比重分别为 25%、16%、21%，其余考核标准所占比重依次是人才培养 13%，经费使用情况 11%，日志数量 9%，其他相关标准仅占 5%，见图 1.16。

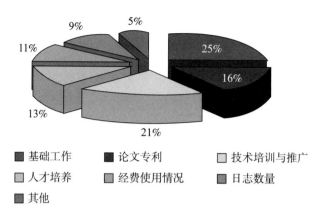

图 1.16　各考核标准所占的比重

从被调查人员的岗位类型来看，各岗位专家的观点与总体上的情况基本趋于一致，各岗位专家认为基础工作、论文专利等技术成果、技术培训与推广、人才培养、日志数量等考核标准所占比重最多，其余次之，见表 1.21。

表 1.21　各岗位专家认同考核标准的比例关系

岗位类型	认为考核标准间适宜的比例关系
B 岗位专家	26：18：12：16：8：14：6
A 岗位专家	25：19：12：19：9：10：6
C 岗位专家	26：13：11：24：10：11：5
团队成员	26：16：13：20：9：11：5
依托单位管理人员	25：13：16：23：9：10：4
体系外科技人员	14：13：15：20：11：13：4
其他	25：18：14：20：8：8：7
总体合计	25：16：13：21：9：11：5

注：比例关系依次为基础工作、论文专利等技术成果、技术培训与推广、人才培养、经费使用情况、日志数量和其他等标准在考核中所占的比重。对于该项问题，共有 1658 名被调查人员完整给出了其比较认同的工作考核标准的各自比例，其中 B 岗位专家均给出了完整答案，A 岗位专家中 274 名给出了完整答案，C 岗位专家中的 298 名给出了完整答案，团队成员中的 1000 名给出了完整答案，依托单位管理人员中的 28 名给出了完整答案，体系外科技人员中的 22 名给出了完整答案，其他被调查人员中的 15 名给出了完整答案。

进一步调查还得知：在现代农业产业技术体系运转过程中，各产业技术体系围绕上述考核标准及目标取得了丰硕的成果，从岗位类别来看，B 岗位专家平均出版或者合作出版专著 0.74 部，平均发表学术论文 6.13 篇，平均培训基层技术人员 316.23 人次，平均推广新品种 2.52 个，平均申报专利 1.35 项，平均发掘资源 8 份；A 岗位专家平均出版或者合作出版专著 0.41 部，平均发表学术论文 5.93 篇，平均培训基层技术人员 546.89 人次，平均推广新品种 1.89 个，平均申报专利 0.92 项，平均发掘资源 16.13 份；C 岗位专家平均出版或者合作出版专著 0.19 部，平均发表学术论文 5.09 篇，平均培训基层技术人员 567.13 人次，平均推广新品种 3.46 个，平均申报专利 0.41 项，平均发掘资源 10.23 份；团队成员平均出版或者合作出版专著 0.14 部，平均发表学术论文 2.98 篇，平均培训基层技术人员 295.73 人次，平均推广新品种 4.03 个，平均申报专利 0.58 项，平均发掘资源 7.21 份；依托单位管理人员平均出版或者合作出版专著 0.19 部，平均发表学术论文 5.92 篇，平均培训基层技术人员 1115.31 人次，平均推广新品种 2.69 个，平均申报专利 0.28 项，平均发掘资源 5.31 份；现代农业产业技术体系外科技人员平均出版或者合作出版专著 0 部，平均发表学术论文 0.80 篇，平均培训基层技术人员 276.51 人次，平均推广新品种 1 个，平均申报专利 0.95 项，平均发掘资源 1.59 份，见表 1.22。

表 1.22 不同岗位类别体系工作成果产出数量情况

岗位类型	体系工作成果产出数量（平均）					
	出版专著（部）	发表论文（篇）	培训基层技术人员（人次）	推广品种（个）	申报专利（项）	发掘资源（份）
B 岗位专家	0.74	6.13	316.26	2.52	1.35	8

续表

岗位类型	体系工作成果产出数量（平均）					
	出版专著（部）	发表论文（篇）	培训基层技术人员（人次）	推广品种（个）	申报专利（项）	发掘资源（份）
A 岗位专家	0.41	5.93	546.89	1.89	0.92	16.13
C 岗位专家	0.19	5.09	567.13	3.46	0.41	10.23
团队成员	0.14	2.98	295.73	4.03	0.58	7.21
依托单位管理人员	0.19	5.92	1115.31	2.69	0.28	5.31
体系外科技人员	0	0.80	276.51	1	0.95	1.59

（2）现代农业产业技术考评方式分析。

调查显示，当前现代农业产业技术体系实行 B 岗位专家、执委会和现代农业产业技术体系成员打分结合的方式对现代农业产业技术体系成员进行考评被认为较为合理。从总体来看，这一考评方式得到了 96.30% 的被调查人员的认同，仅有 3.70% 的被调查人员表示并不认同这一考评方式。从不同岗位类型来看：各岗位专家对该考评方式的认同较为一致，表示认同打分相结合的这一考评方式的均在 95% 以上水平，见表 1.23。

表 1.23　不同岗位专家对当前体系考评方式的看法

岗位类型	比重（%）	
	认同	不认同
B 岗位专家	95.65	4.35
A 岗位专家	96.99	3.01
C 岗位专家	98.52	2.48
团队成员	95.98	4.02
总体	96.30	3.70

而当问及各被调查对象：B 岗位专家、执委会、现代农业产业技术体系成员打分结合的考评方式中各成员所应占有的比例时，各被调查人员给出的意见也基本趋于一致，总体上看，B 岗位专家、执委会、现代农业产业技术体系成员趋于 32∶34∶34 比例构成，见表 1.24。

表 1.24　考评方式中成员组成结构

岗位类型	首席、执委会和体系成员比例
B 岗位专家	31∶36∶33
A 岗位专家	29∶34∶37
C 岗位专家	32∶33∶35
D 岗位专家	34∶33∶33
E 岗位专家	32∶37∶31
现代农业产业技术体系外科技人员	32∶32∶36
其他	34∶34∶32
总体	32∶34∶34

（3）现代农业产业技术体系考评结果的通报方式。

目前，现代农业产业技术体系对各岗位专家工作考评结果的通报方式主要有：采取分等定级制（优、良、中、差）、采取单一排名制（分值由高到低排名）、采取定性判断制（合格、不合格）三种。调查显示有 54.05% 的被调查人员认为采取分等定级制较好，18.68% 认为采取单一排名制较好，余下的 27.27% 认为采取定性判断制较好。

从岗位类型来看：就 B 岗位专家而言，有 43.48% 的 B 岗位专家认为采取分等定级制通报方式较好，43.48% 的 B 岗位专家认为采取单一排名制的通报方式较好，还有 13.04%B 岗位专家认为采取定性判断制的通报方式较好；就 A 岗位专家而言，有 49.71% 的 A 岗位专家赞成采用分等定级制通报方式，14.16% 的 A 岗位专家赞成年度考评结果采取单一排名制的通报方式，36.13% 的 A 岗位专家认为采取定性判断制较好；就 C 岗位专家而言，有 51.31% 的 C 岗位专家认为采取分等定级制通报方式较好，16.17% 的 C 岗位专家认为采取单一排名制的通报方式较好，33.83% 的 C 岗位专家认为采取定性判断制的通报方式较好；此外，55.01% 的团队成员认为采取分等定级制比较好，19.99% 的团队成员认为采取单一排名制比较好，另有 25.00% 的团队成员认为采取定性判断制较好，见表 1.25。

表 1.25　对考评结果通报方式的认同情况

岗位类型	比重（%）		
	分等定级制	单一排名制	定性判断制
B 岗位专家	43.48	43.48	13.04
A 岗位专家	49.71	14.16	36.13
C 岗位专家	51.31	16.17	33.83
团队成员	55.01	19.99	25.00
总体	54.05	18.68	27.27

（4）现代农业产业技术体系退出机制。

调查显示，总体而言，有 91.17% 的被调查人员认同现代农业产业技术体系应该建立严格意义上的退出机制，不认同建立现代农业产业技术体系人员退出机制的仅占 8.83%。当从不同岗位专家角度上看，各岗位专家的观点也基本一致，各岗位专家类型均有 90% 以上的成员赞同建立现代农业产业技术体系人员的退出机制，仅有少数人认为不应建立退出机制，见表 1.26。下述内容是被调查人员就退出机制某一条款的认识情况：对拿了资助经费但是却没有完成该岗位相应任务的专家和站长的处理方式，总体上看，有 40.69% 的被调查人员认为对这种情况应该采取直接解聘的方式，58.21%的认为应该给予黄牌警告，查看一年后再做处理，0.87%的被调查人员认为对出现这种情况的专家和站长应予以保留，0.23%的被调查人员则认为无所谓。

表 1.26　退出机制建立调查

岗位类型	比重（%）	
	认同	不认同
B 岗位专家	95.65	4.35
A 岗位专家	92.40	7.60
C 岗位专家	91.13	8.87
团队成员	90.86	9.14
总体	91.17	8.83

（二）基于岗位类别的现代农业产业技术体系协同创新分析

1. B 岗位系列专家

（1）累计考察本产业技术岗位专家和试验站的比例：有 30% 比例的 B 岗位专家对本产业技术体系的岗位专家和试验站的考察比例达到 80% 以上，50% 比例的 B 岗位专家对本产业技术体系的岗位专家和试验站的考察比例在 60%—80%，余下 20% 比例的 B 岗位专家对本产业技术体系的岗位专家和试验站的考察比例在 40%—60%，见表 1.27。

表 1.27　B 岗位专家对岗位专家及试验站的考察情况

	80% 以上	60%—80%	40%—60%	40% 以下
人数（人）	6	10	4	0
比重（%）	30	50	20	0

注：有一个 B 岗位专家未就该项问题作答。

（2）对现代农业产业技术体系协同创新现状的满意度：有 95% 的 B 岗位专家对现代农业产业技术体系协同创新现状的满意度在 80% 以

上，其中满意度在 90% 以上的占到所有受访 B 岗位专家的 60%，满意度在 80%—90% 的占到了 35%，另有 5% 的受访 B 岗位专家对现代农业产业技术体系协同创新现状的满意度在 60%—70%，因此 B 岗位专家对现代农业产业技术体系协同创新现状的总体满意情况尚可，见表 1.28。

表 1.28　B 岗位专家对现代农业产业技术体系协同创新现状的满意度调查

	现代农业产业技术体系协同创新现状的满意程度					
	90% 以上	80%—90%	70%—80%	60%—70%	50%—60%	50% 以下
人数（人）	12	7	0	1	0	0
比重（%）	60	35	0	5	0	0

注：有一个 B 岗位专家未就该项问题作答。

（3）对现代农业产业技术体系成员的熟悉程度：B 岗位专家对现代农业产业技术体系成员的熟知程度直接关乎本产业技术体系工作能否顺利开展，据调查 80% 的 B 岗位专家对本产业技术体系成员的熟知率达到 100%，15% 比例的 B 岗位专家对所在体系成员的熟知率在 90%—99%，仅有 5% 的 B 岗位专家对本产业技术体系成员的熟知率在 80%—89% 之间，见表 1.29。

表 1.29　B 岗位专家对体系成员熟知率

	对体系成员熟知率				
	100%	90%—99%	80%—89%	70%—79%	70% 以下
人数（人）	16	3	1	0	0
比重（%）	80	15	5	0	0

注：有一个 B 岗位专家未就该项问题作答。

（4）相关会议的组织及召开情况：受访的 B 岗位专家组织全体成员参加的现代农业产业技术体系会议的平均次数为 3.4 次，主持召开的执委会会议平均次数为 3.6 次。

（5）本产业技术体系全面发展规划制定情况：调查显示，各产业技术体系都已经制定或者正在着手制定本产业技术体系的全面发展规划，其中 55% 的产业技术体系已经制定了本产业技术体系的全面发展规划，其余 45% 的产业技术体系正在着手制定本产业的全面发展规划，见表 1.30。

表 1.30　各产业技术体系全面发展规划的制定情况

	已经制定	正在制定	尚未制定
人数（人）	11	9	0
比重（%）	55	45	0

注：有一个 B 岗位专家未就该项问题作答。

（6）现代农业产业技术体系文化的建立：调查显示，仅有 10% 的产业技术体系已经建立本体系特有的体系文化，75% 的产业技术体系正在筹划建立本体系特有文化，另有 15% 的产业技术体系表示尚未建立本体系特有文化，见表 1.31。

表 1.31　体系文化建立情况

	已建立	正在建立	尚未建立
人数（人）	2	15	3
比重（%）	10	75	15

注：有一个 B 岗位专家未就该项问题作答。

2. A 岗位系列专家

目前，所有被调查 A 岗位专家在上岗后都有了长远的规划和打算，谈及 A 岗位专家对本岗位的重点任务的了解程度时，有 84.71% 比例的 A 岗位专家对本岗位的重点任务非常清楚，有 14.37% 比例的 A 岗位专家表示对本岗位的重点任务较为清楚，另有 0.61% 比例的 A 岗位专家表示清楚，仅有不到 0.5% 的 A 岗位专家表示对本岗位的重点任务不完全清楚，见表 1.32。

表 1.32　A 岗位专家对重点任务的了解程度

	对本岗位重点任务的了解程度				
	非常清楚	较为清楚	清楚	不完全清楚	还没有确定
人数（人）	277	47	2	1	0
比重（%）	84.71	14.37	0.61	0.31	0

注：有 13 个 A 岗位专家未就该项问题作答。

另外，当论及 A 岗位专家原来的工作与现在岗位重点任务的衔接程度时，该项问题共获得有效问卷 323 份，问卷有效率高达 95%，其中有效样本中有 48.61% 的 A 岗位专家表示原来的工作与现在岗位的重点任务相同，46.13% 的 A 岗位专家认为原来工作与现在岗位的重点任务基本相同，仅有 5.26% 的 A 岗位专家表示原来工作与现在岗位的重点任务联系不多，见表 1.33。此外调查还显示，认为原来工作与现在岗位的重点任务联系不多的 A 岗位专家已有 75.61% 实现了工作重点的转移，尚有 24.39% 还未将工作重点转移到现代农业产业技术体系重点任务上来。

表 1.33　原来工作与现在岗位重点任务的相关性

	相同	基本相同	联系不多	没有联系
人数（人）	157	149	17	0
比重（%）	48.61	46.13	5.26	0

至于岗位工作人员的个人目标与现代农业产业技术体系总体目标的一致性，调查显示，31.19% 的 A 岗位专家认为其工作的个人目标与现代农业产业技术总体目标完全一致，67.28% 比例的 A 岗位专家认

为个人目标与现代化农业产业技术体系总体目标基本一致，另外还有
1.22% 的比例 A 岗位专家对个人目标与现代农业产业技术总体目标的
一致性不确定，仅有不到 0.5% 比例的 A 岗位专家表示岗位工作人员的
个人目标与现代农业产业技术总体目标不一致，见表 1.34。

表 1.34　A 岗位专家个人目标与总体目标的一致性

	个人目标与总体目标的一致性（%）				
	完全一致	基本一致	不确定	不一致	完全背离
人数（人）	102	220	4	1	0
比重（%）	31.19	67.28	1.22	0.31	0

　　体系所属试验站与岗位成员之间工作上的联系与配合程度是现代
农业产业技术体系工作开展顺利与否的重要方面，这也引起了本书课
题组足够的重视，调查显示，有 12.88% 比例的 A 岗位专家认为综合试
验站与岗位成员之间工作联系与配合程度非常紧密，57.36% 比例的 A
岗位专家认为两者之间工作的联系与配合程度紧密，另有 26.07% 的 A
岗位专家认为工作联系与配合程度一般，仅有 3.69% 比例的 A 岗位专家
表示目前试验站和岗位成员之间工作联系与配合程度不紧密或者非常差，
见表 1.35。

表 1.35　试验站与岗位成员之间工作联系与配合的程度

	试验站与岗位成员之间工作联系与配合的程度（%）				
	非常紧密	紧密	一般	不紧密	非常差
人数（人）	42	187	85	11	1
比重（%）	12.88	57.36	26.07	3.37	0.32

　　上岗后 A 岗位专家的课题申请情况也是影响其工作顺利开展的重

要内容：调查显示，93.15% 的 A 岗位专家上岗以来没有申请并获批与现代农业产业技术体系所属岗位没有联系的课题，仅有 6.85% 的 A 岗位专家申请并获批了与所属岗位没有联系的课题，见表 1.36。

表 1.36　与所属岗位没有联系的课题申请情况

所属体系	项目名称	项目来源	获批资金（万元）
A27 体系	气候变化对 ** 的影响及应对技术措施	农业部公益性行业专项	70（五年）
A7 体系	** 饲料营养价值评定与饲养标准	农业部行业科技项目	80（5 年）
A22 体系	** 主要病虫害防治技术规范，2130109–317	2009 年农业行业标准制修订项目	8
A21 产业体系	1. 组培条件下 ** 白藜芦醇合成诱导及代谢调控机制的研究 2.** 果实发育过程中香气物质形成关键时期的研究 3. 高抗寒、抗病 ** 酿酒产业化及盆栽 ** 设施建设 4. 植物库源关系的气孔调控及抗氧化与热耗散保护机制的研究	1.** 市自然科学基金 2. 国家自然科学基金 3.** 市园林绿化局 4. 中国 ** 院长基金	11 38 150 100
A26 体系	** 全程机械化关键技术的集成与示范	农业部	340
A3 体系	**2 型圆环病毒感染的分子致病机制研究	科技部 973 前期研究专项课题	70
A26 体系	1. 冬闲田 ** 专用品种"宁杂 11 号"高产高效技术集成与示范 2. 强优势 ** 杂交种的创制与应用	1. 农业部跨越计划 2. 科技部 863	110 260
A16 体系	工厂化 ** 新品种选育	省科技厅	30
A16 体系	** 安全稳定的同源转化体系的建立	** 市科委	30
A19 体系	1. 优质专用型 ** 新品种选育与种质资源创新 2. 优质 ** 生产与加工技术研究 3.** 优良品种引进培育及综合应用技术研究	** 省科技厅 农业部 农业部	15.00 38.50 16.00

所属体系	项目名称	项目来源	获批资金（万元）
A5 体系	中国 ** 抗白粉病芪合成酶基因特异启动子及其功能研究	国家自然科学基金委员会	36
A27 体系	非洲 ** 等重要外来动物疫病综合防控技术研究	农业部	1950
A27 体系	** 必需氨基酸泌乳转化效率研究	国家自然基金	35
A10 体系	中国特色农业现代化道路	国家社科基金重大项目	50
A10 体系	转基因 ** 环境安全评价与检测技术中心	转基因生物新品种培育重大专项	817
A6 体系	** 优异品质种质创新利用研究	** 科技厅	100（自己可支配50万）
A26 体系	高复种指数增加 ** 播种面积与保护农田生态环境的技术研究与示范	农业部	738
A5 体系	** 优质高效栽培技术示范推广 /** 县5万亩绿色酿造 ** 基地建设	** 林业厅中央财政项目 /** 科技厅富民强县项目	6
A24 体系	** 农产品风险评估技术平台引进	948 项目	72

注：** 表示现代农业产业技术体系中的各子体系或应 A 岗位专家要求一些项目的获批单位被建议隐去。

3.C 岗位系列专家

（1）C 岗位专家对岗位任务及与 A 之间关系的认知。

C 岗位专家对岗位任务的认知：调查显示，100% 的 C 岗位专家对岗位任务的认知程度在"清楚"以上，这其中有 79.52% 的 C 岗位专家表示对岗位任务非常清楚，12.05% 的 C 岗位专家表示较为清楚，8.43% 表示清楚，见表 1.37。另外，关于 C 岗位专家对试验站与 A 岗位专家之间工作关系的认知程度：97.90% 的 C 岗位专家表示对试验站与 A 之间的工作关系清楚，仅有 2.10% 的 C 岗位专家表示不清楚试验站与 A 岗位专家之间的关系，如此看来，C 岗位专家已基本熟悉了现代农业产业技术体系日常工作。

表 1.37　C 岗位专家对现代农业产业技术体系岗位任务的认知程度

	对岗位任务的认知程度（%）				
	非常清楚	较为清楚	清楚	不全清楚	没有确定
人数（人）	264	40	28	0	0
比重（%）	79.52	12.05	8.43	0	0

注：有 8 个 C 岗位专家未就该项问题作答。

（2）试验站技术培训与推广及与 A 岗位专家之间的工作互动。

据调查，仅 2009 年，试验站到其产业示范县进行技术示范与推广累计的平均人次为 380 人，当年工作中，每个试验站平均有 6 个 A 岗位专家前来考察或者布置联系过工作，另外还得知，每个试验站平均与 7 个 A 岗位专家主动联系过工作事宜。

（3）试验站间的联系及其与岗位成员间工作的联系与配合程度。

在试验站之间，有数据显示，88.18% 试验站表示在本产业技术体系内的各个试验站之间存在经常性的联系，另有 11.82% 的试验站表示与本产业技术体系内的各个试验站之间不存在经常性的联系。另外，在试验站内部 21.41% 的 C 岗位专家表示，岗位成员与试验站之间工作的联系与配合程度非常紧密，57.19% 的 C 岗位专家表示岗位成员与试验站之间工作的联系与配合程度紧密，19.88% 表示两者之间工作的联系与配合程度一般，另有 1.52% 认为两者的联系与配合程度不紧密，见表 1.38。

表 1.38 岗位成员与试验站之间工作的联系与配合程度

	岗位成员与试验站之间工作的联系与配合程度（%）				
	非常紧密	紧密	一般	不紧密	非常差
人数（人）	70	187	65	5	0
比重（%）	21.41	57.19	19.88	1.52	0

（4）成员对试验站硬软件设施的满意度。

试验站硬软件设施是综合试验站成员开展现代农业产业技术体系工作的基础，有必要对其状况做一定了解，调查结果显示，22.42% 的 C 岗位专家对当前试验站的软件、硬件条件表示非常满意，73.33% 的试验站表示基本满意，4.24% 试验站表示不满意，总体上看，试验站当前的设施能基本满足了体系人员正常工作的开展，见表 1.39。

表 1.39 C 岗位专家对试验站软、硬件设施的满意度

	非常满意	基本满意	不满意
人数（人）	74	242	14
比重（%）	22.42	73.33	4.24

注：有 10 个 C 岗位专家未就该项问题作答。因存在无限循环小数，四舍五入小数点保留后两位，致使各比重相加和为 99.99%。

（三）现代农业产业技术体系协同创新与其他方面的关系

1. 依托单位及其属性差异对体系协同创新的影响

（1）最适合现代农业产业技术体系工作开展的依托单位：总体上看，被调查人员认为科研单位是最适合现代农业产业技术体系工作的居多，占到了受访对象的 83.29%；其次认为高等院校是最适合体系工作的依托单位，占到了受访对象的 13.90%；再次认为最适合的依托单位是技术推广部门的仅占到受访对象的 1.34%，另有 0.51% 的受访对象认为企业最适合作为现代农业产业技术体系工作开展的依托单位。从岗

位类型来看，各岗位专家观点基本一致，认为最适合体系工作开展的
依托单位是科研单位。其中，78.26% 比例的 B 岗位专家认为科研单位
是最适合现代农业产业技术体系工作开展的依托单位，21.74% 比例的
B 岗位专家认为高等院校是现代农业产业技术体系依托单位的最佳选
择；A 岗位专家中有 77.98% 认为科研单位是最适合现代农业产业技术
体系工作开展的依托单位，19.93% 认为高等院校是最适合现代农业产
业技术体系工作开展的依托单位，另有 1.19% 比例的 A 岗位专家选择
了推广单位，选择企业及其他单位的不足 1%；C 岗位专家中有 80.29%
比例认为科研单位最适合现代农业产业技术体系工作，认为推广单位
和企业作为现代农业产业技术体系工作开展的依托单位的情况次之，
比例分别是 7.65%、7.94%，3.24% 比例的 C 岗位专家认为高等院校是
最适合现代农业产业技术体系工作的依托单位，见表 1.40。

表 1.40　最适合现代农业产业技术体系工作开展的依托单位性质

岗位类型	最适合体系工作的依托单位性质（%）				
	科研单位	高等院校	推广单位	企业	其他
B 岗位专家	78.26	21.74	0	0	0
A 岗位专家	77.98	19.93	1.19	0.3	0.6
C 岗位专家	80.29	3.24	7.65	7.94	0.88
总体	83.29	13.90	1.34	0.51	0.96

（2）依托单位性质的差异对现代农业产业技术体系协同创新的影
响。总体上看，有 60.35% 的被调查人员认为依托单位性质的差异对
现代农业产业技术体系协同创新的影响很大，35.84% 的被调查人员表
示依托单位性质的差异对现代农业产业技术体系协同创新的影响不大，
仅有 3.81% 的被调查人员认为依托单位性质的差异对现代农业产业技

术体系协同创新没有影响，如此看来，依托单位性质确实是现代农业产业技术体系协同创新的重要影响变量。

从被调查人员身份差异来看，见表1.41，不同岗位专家对该问题的理解不尽相同，统计数据显示，73.91% 比例的 B 岗位专家认为依托单位性质差异对现代农业产业技术体系协同创新影响很大，其余 26.09% 比例的 B 岗位专家认为依托单位性质差异对现代农业产业技术体系协同创新影响不大；54.23% 比例的 A 岗位专家认为依托单位性质差异对现代农业产业技术体系协同创新的影响很大，42.27% 比例的 A 岗位专家认为影响不大，3.50% 的 A 岗位专家认为没有影响；68.44% 比例的 C 岗位专家认为依托单位性质差异对现代农业产业技术体系协同创新的影响很大，28.32% 的 C 岗位专家认为影响不大，仅有 3.24% 的 C 岗位专家认为没有影响。

表 1.41　依托单位性质的差异对现代农业产业技术体系协同创新的影响

岗位类型	影响程度（%）		
	影响很大	影响不大	没有影响
B 岗位专家	73.91	26.09	0
A 岗位专家	54.23	42.27	3.50
C 岗位专家	68.44	28.32	3.24
总体	60.35	35.84	3.81

2. 综合试验站与基地示范县的关系

总体上看，被调查人员对综合试验站与基地示范县之间的关系的认知并不是很清晰，这其中：表示很明确试验站与基地示范县间关系的人员占全部调查人数的 18.34%，有 42.88% 比例的被调查人员表示比较明确试验站与基地示范县间的关系，24.13% 比例的被调查人员明确试验站与基地示范县间的关系，13.49%比例的被调查人员不明确试验站与基地示范县间的关系，另有1.16%的被调查人员认为试验站与基地示范县之间不存在关系。从被调查人员的身份类型来看，4.35%的B岗位专家表示很明确试验站与基地示范县间的关系，56.52%的B岗位专家表示比较明确试验站与基地示范县间的关系，13.04%的B岗位专家表示明确两者的关系，另有26.09%的B岗位专家不明确两者的关系。7.32%的A岗位专家表示很明确试验站与基地示范县的关系，37.80%的A岗位专家表示比较明确试验站与基地示范县的关系，32.32%的A岗位专家表示明确两者的关系，21.65%的A岗位专家表示不明确试验站与基地示范县的关系，另有0.91%的A岗位专家认为两者之间不存在关系。27.81%的C岗位专家表示很明确试验站与基地示范县的关系，45.86%的C岗位专家表示比较明确试验站与基地示范县的关系，16.27%的C岗位专家表示明确两者之间的关系，9.17%的C岗位专家表示不明确两者之间的关系，仅有0.89%的C岗位专家认为两者之间不存在关系，见表1.42。

表1.42 试验站与基地示范县的关系

岗位类型	试验站与基地示范县的关系（%）				
	很明确	比较明确	明确	不明确	不存在关系
B岗位专家	4.35	56.52	13.04	26.09	0
A岗位专家	7.32	37.80	32.32	21.65	0.91
C岗位专家	27.81	45.86	16.27	9.17	0.89
总体	18.34	42.88	24.13	13.49	1.16

3. 现代农业产业技术体系内各关联主体之间工作关系的协调程度

总体上看，仅有9.95%的被调查人员认为现代农业产业技术体系内各关联主体之间的工作关系完全协调，63.17% 的被调查人员认为现代农业产业技术体系内各关联主体之间的工作关系基本协调，24.52% 的被调查人员认为现代农业产业技术体系内各关联主体之间的工作关系协调，另有 2.22% 的被调查人员认为各关联主体之间的工作关系不协调，仅有 0.13% 的被调查人员认为各关联主体之间的工作关系完全不协调。从被调查人员的身份来看，8.70% 比例的 B 岗位专家认为现代农业产业技术体系内各关联主体之间的工作关系完全协调，78.26% 比例的 B 岗位专家认为现代农业产业技术体系内各关联主体之间的工作关系基本协调，13.04% 比例的 B 岗位专家则认为现代农业产业技术体系内各关联主体之间的工作关系协调；A 岗位专家中 6.71% 比例的认为现代农业产业技术体系内各关联主体之间工作关系完全协调，65.01% 比例的 A 岗位专家认为基本协调，25.95% 比例的 A 岗位专家认为协调，2.33% 比例的 A 岗位专家表示不协调；C 岗位专家中，10.65% 比例的 C 岗位专家认为现代农业产业技术体系内各关联主体之间工作关系完全协调，65.38% 比例的 C 岗位专家认为基本协调，22.49% 比例的 C 岗位专家认为协调，另外的 1.48% 比例的 C 岗位专家认为不协调，见表 1.43。

表 1.43　现代农业产业技术体系内各关联主体之间工作关系的协调程度

岗位类型	体系内各关联主体之间工作关系的协调程度（%）				
	完全协调	基本协调	协调	不协调	完全不协调
B 岗位专家	8.70	78.26	13.04	0	0
A 岗位专家	6.71	65.01	25.95	2.33	0
C 岗位专家	10.65	65.38	22.49	1.48	0
总体	9.95	63.17	24.52	2.22	0.13

4. 综合试验站与基地示范县或者与地方政府之间的工作联系与配合程度

总体上看，试验站与基地示范县或者与地方政府之间工作联系与配合度并不是十分的理想，据调查显示，目前有 8.82% 比例的被调查人员认为综合试验站与基地示范县或者与地方政府的工作联系与配合程度非常紧密，52.41% 比例的被调查人员认为其联系与配合程度紧密，32.97% 比例的被调查人员认为其联系与配合程度一般，5.40% 比例的被调查人员认为其联系与配合程度不紧密，0.40% 比例的被调查人员认为综合试验站与基地示范县或者与地方政府之间的联系与配合非常差。从被调查人员的身份来看，56.52% 比例的 B 岗位专家认为试验站与基地示范县或者与地方政府之间工作联系与配合紧密，39.13% 比例的 B 岗位专家认为试验站与基地示范县或者与地方政府之间工作联系与配合一般，另有 4.35% 比例的 B 岗位专家认为试验站与基地示范县或者与地方政府之间的工作联系与配合不紧密；至于 A 岗位专家样本，有 4.50% 比例的 A 岗位专家认为试验站与基地示范县或者与地方政府之间工作联系与配合非常紧密，48.05% 比例的 A 岗位专家认为试验站与基地示范县或者与地方政府之间工作联系与配合紧密，40.84% 比例的 A 岗位专家认为试验站与基地示范县或者与地方政府之间工作联系与配合一般，6.31% 比例的 A 岗位专家认为试验站与基地示范县或者与地方政府之间工作联系与配合不紧密，另有 4.30% 比例的 A 岗位专家认为试验站与基地示范县或者与地方政府之间工作联系与配合非常差；就 C 岗位专家而言，其中有 11.70% 比例认为综合试验站与基地示范县或者与地方政府之间的工作联系与配合非常紧密，54.39% 比例的 C 岗位专家认为综合试验站与基地示范县或者与地方政府之间的工作联系与配合紧密，28.36% 比例的 C 岗位专家认为综合试验站与基地示范县或者与地方政府之间的工作联系与配合一般，4.97% 比例的 C 岗位专家认为综合试验站与基地示范县或者地方政府之间的工作联系与配合不紧密，另有 0.58% 比例的 C 岗位专家认为综合试验站与基地示范县或地方政府之间的联系与配合非常差。见表 1.44。

表 1.44　综合试验站与基地示范县或者地方政府之间的工作联系与配合程度

岗位类型	试验站与基地示范县或地方政府之间工作联系与配合度（%）				
	非常紧密	紧密	一般	不紧密	非常差
B 岗位专家	0	56.52	39.13	4.35	0
A 岗位专家	4.50	48.05	40.84	6.31	4.30
C 岗位专家	11.70	54.39	28.36	4.97	0.58
总体	8.82	52.41	32.97	5.40	0.40

四、现代农业产业技术体系协同创新过程中存在的主要问题

本书课题组通过采取广泛调研，座谈、实地走访及问卷调查等方式，明晰了各体系间的工作交流与合作机制，进一步明确了当前体系工作的重点，同时对现代农业产业技术体系协同创新存在的一些问题和难点也有了一定程度的把握，就此做如下说明。

（一）经费管理机制不够健全

一方面，现代农业产业技术体系经费尚不能完全满足现代农业产业技术体系人员实际工作的需要，调查显示，近 40% 比例的 C 岗位专家反映其存在体系经费不能满足实际工作需要的情况，另有 21.74% 比例的 B 岗位专家反映了这一问题；另一方面，在当前经费管理机制上也存在诸多问题，如经费划拨不及时、经费使用不规范、项目经费支出比例不合理、实际经费支出无法正常报销、单位财务

管理与国家制度要求存在偏差等。这其中经费划拨不及时被认为是当前经费管理中存在的最大问题，项目经费支出比例不合理次之，再次是实际经费支出无法正常报销的问题，最后是单位财务管理与国家制度要求存在偏差，而经费使用规范性问题相对较小，经费管理机制的不健全给现代农业产业技术体系工作的正常开展带来了较大挑战。

（二）产业领域内外交流氛围尚需营造

不同产业技术体系之间岗位专家的交流合作对活跃体系气氛、构建体系文化具有重要意义。但是浓郁的现代农业产业技术体系内外交流氛围尚需进一步营造，在各产业技术体系之间有近40%比例的被调查人员与其他产业体系的岗位专家之间交流较少甚至不存在交流，交流频次更是自B岗位专家岗位依次递减，不同产业技术体系之间岗位专家通过会议平均交流次数仅为3.80次，除会议方式外，不同产业技术体系之间岗位专家人均交流不足12次；在所属产业技术体系内部各领域岗位专家的交流有利于各专家准确把握该产业技术体系的协同创新状况，确保产业技术体系运转顺畅，但目前所属产业领域内各专家交流情况也不甚理想，通过会议方式产业内部各领域岗位专家人均交流仅为11次，除会议方式外，人均交流次数不足25次，产业体系内部交流上的缺乏，导致了各岗位专家对产业整体协同创新状况认知的不足，将对现代农业产业全面发展存在一定制约。另外，当前现代农业产业技术体系交流平台协同创新还存在以下问题，包括内容有：信息相对封闭，交流面较窄、倾向于现代农业产业技术体系内部，对现代农业产业技术体系外产业的及时开放不够，没有及时吸引各行业从业人员的广泛重视，团队成员无法参与交流学习，且现代农业产业技术体系管理平台窗口和栏目层次过于繁琐，此外该平台网速较慢，容易断网等。

（三）各关联主体之间工作协调程度有待改善

当前现代农业产业技术体系内各关联主体之间还缺乏严格意义上的制度和机制上的联系，再加之协调主体的缺位，这直接导致产业技术体系各关联主体之间工作协调程度不够紧密，缺乏有效沟通。另外，现代农业产业技术体系成员对试验站与推广示范县之间的关系认识不明确，缺乏有效的协调，因此在现有的管理制度下，现代农业产业技术体系无法开展先进农业产业技术的大范围集中示范。此外，岗位设置和试验站分布与地区实际需求不相符的也是现代农业产业技术体系协同创新当中要着力解决的一个难点。

（四）体系岗位竞争机制尚不健全

现代农业产业技术体系岗位竞争机制的建立，有利于激发在岗专家从事体系工作的积极性与主动性，并对专家职能行为实现一定激励与约束。然而当前现代农业产业技术体系的岗位竞争机制尚不健全，存在类似于"铁饭碗"的上岗制度，体系内外部缺乏有效的竞争，这导致各产业技术体系存在部分专家和成员拿了现代农业产业技术体系资助经费，却没有完成相应的岗位任务，这种状况削弱了部分现代农业产业技术体系人员的工作积极性，对现代农业产业技术体系的长远有序创新带来了危害。

（五）体系考核与评价体系有待完善

考核与评价体系是对在岗专家及成员等相关体系工作人员年度工作的考评及认可制度，这是体系协同创新的关键一环，应该引起足够注意。但是目前，现代农业产业技术体系考核及评价体系并不太令人满意，一方面，当前现代农业产业技术体系考核实行 B、执委会和体系成员打分结合的方式，考核结果采用单一排名制方式进行通报，然而调查结果显示，被调查人员更倾向于采取分等定级制通报方式，由此该通报方式的合理性需审慎进行评估；另一方面，现代农业产业技术体系的考核标准与现代农业产业技术体系成员依托单位的考核标准存在着差异，两者在衔接上还存在一系列问题，这对现代农业产业技术体系人员的工作积极性带来了一定负面影响，如何做好考核机制的衔接工作已是刻不容缓。

（六）体系团队成员投入体系工作的积极性仍显不够

当前团队成员与现代农业产业技术体系内外相关领域专家交流沟通仍显不够，一方面团队成员在与其他产业技术体系成员通过会议交流的频次，及除会议方式外交流人次上均是各岗位类型中最低的；另一方面与产业内部专家交流的频次及人次也是各岗位类型中最低的，总体看来，提高现代农业产业技术体系团队成员与外部沟通交流的积极性的任务较为严峻。另外，从团队成员融入现代农业产业技术体系技术工作和团体环境的程度来看，团队成员融入现代农业产业技术体系工作和团队环境的程度也是各岗位类型中较低的，而从团队成员投入现代农业产业技术体系工作时间比重来看，团队成员投入现代农业产业技术体系工作的时间是各岗位类型中最少的。由此看来，当前现代农业产业技术体系团队成员对现代农业产业技术体系工作仍缺乏热情、积极性不够，因此如何激励现代农业产业技术体系团队成员积极投身体系工作将是下一步的重点任务。

（七）地方政府支持力度有待加强

地方政府的支持是现代农业技术体系工作能够顺利完成的有力保

障，其中综合试验站层面上工作的开展尤其需要地方政府的大力支持，这包括地方政府在人力、物力、财力等方面给予的支持。然而，目前地方政府对现代农业产业技术体系给予的帮助仍显不够，仅有 8.80% 的被调查人员反映地方政府给予了很大的支持力度，余下 91.20% 比例的被调查人员反映当地政府给予现代农业产业技术体系的支持力度很小或者是没有。由此可以看出，地方对现代农业产业技术体系发展支持力度的匮乏无形中制约了产业技术体系的顺畅运行。

第二章　现代农业产业技术体系协同创新绩效及影响因素分析——基于体系内部团队统计资料

　　本章在前文现代农业产业技术体系协同创新现状分析的基础上，利用针对体系内共计 2359 名成员的统计资料，就现代农业产业技术体系协同创新绩效进行了评价。基于现代农业产业技术体系的组织框架，在具体评价过程上主要分现代农业产业技术体系核心层级绩效和第二层级绩效两块内容展开，评价所采用的方法是目前较为前沿的三阶段 DEA。另外，就不同分产业技术体系协同创新绩效进行了比较分析，此后还以专题研究的形式就影响现代农业产业技术体系核心层级的协同创新绩效的因素展开了探讨。

　　现代农业产业技术体系建设是一个新事物，也是一个"边摸索和边完善"的管理系统，为了促使这一系统的运转更加高效，需要对其成立以来的协同创新情况进行全面深入的调查研究和分析了解。现代农业产业技术体系研发中心[①] 专家团队作为该庞大科技服务网络的第一层

　　[①]　研发中心主要从事产业技术发展需要的基础性研究和工作，开展公益性、服务性和系统性的研究活动；开展关键技术攻关与技术集成；开展产业技术培训；收集、检测和分析产业发展动态与信息；开展产业政策的研究与咨询；负责对外交流，组织学术活动；管理协调各研究室和试验站的业务和预算、决算编制。摘自《现代农业产业技术体系建设实施方案》（财政部、农业部 2007 年发文）。

级（即核心层级，现代农业产业技术体系组织架构见图 1.6）对产业技术体系的顺畅运行起着核心和引领作用，现代农业产业技术体系综合试验站作为该庞大科技服务网络的第二层级对体系的良性发展也起到了基础支撑作用。因此，就这两个层级的科研团队成员展开研究，掌握其创新规律、明晰其创新绩效，发现其存在的问题及原因，将有助于准确把握现代农业产业技术体系协同创新的基本内容，从而为有效制定现代农业产业技术体系协同创新及管理对策，构建更趋完善的现代农业产业技术体系协同创新框架，以利于推进现代农业产业技术体系运转得顺畅和效率最大化。以下内容将分别就这两个层级的科研团队协同创新绩效进行测度，并对种植业、养殖业、林果业、渔业等不同类分产业技术体系协同创新绩效进行了测度与比较分析，另外还以研发中心创新团队成员为例，着重就影响第一层级团队成员协同创新绩效的因素进行了探究。未做特别说明之处，本章其他内容将以"创新绩效"作为"协同创新绩效"的另一种表述。

一、现代农业产业技术体系协同创新绩效测度

（一）科研团队协同创新绩效测度的文献分析

科研团队并非自然的产物，其是随着科研活动领域的拓展，众多对科学怀有兴趣的人员开始协作研究和探讨某些问题，并构建起了致力于协作研究的科学团体或组织。[①] 这些团队或组织即成为科学创新的基本单元。科研团队以知识创新为主要活动，由具有互补技能、愿意

---

① 蒋日富、霍国庆、谭红军、郭传杰：《科研团队知识创新绩效影响要素研究——基于我国国立科研机构的调查分析》，《科学学研究》2007 年第 2 期。

为了共同的目的、业绩目标和方法而相互承担责任的人组成。[①] 科研团队或科技团队作为开展创新活动的中心，历来是科研管理与技术创新领域学者们关注的热点，在研究视角与方法选取上也有所不同。在对科研团队概念的界定上，国内外学者已基本认同"科研团队具备团队的一般特征，但也有其独特性"的观点。在国内，蒋日富对科研团队的概念界定较受关注，其撰文认为科研团队是由两个以上成员组成，以探求科技问题为共同愿景，有一定组织、较稳定且互相合作的研究小组。此外康旭东关于科研团队含义的阐述也较受认同。[②] 在科研团队作用的认识上，学者们也已取得较一致意见，如谢彩霞、丛杭青认为科研团队间的合作研究能够整合资源，促进科研创新的发生。[③] 戴勇也认为科研团队合作的形式能实现优势互补，取得突破性创新成果，而这又是单个人的"作坊式"管理方式无法达成的。[④] 另外，包国宪认为知识型团队超越了传统的群体概念，更注重集体绩效、成员能力互补，这是解决员工管理问题和实现组织目标的一种有效的途径。[⑤] 科研团队是大科学时代最基本的科研组织形式，但现实中科研团队缺乏有效合作却成为中国科技发展痼疾。[⑤] 为此开展科研团队合作效果评估至关重要且迫切，科研团队绩效的评估作为科研团队建设中的一项重要工作，但

---

① 乔恩·R.卡曾巴赫、道格拉斯·K.史密斯：《团队的智慧：创建绩优组织》，经济科学出版社1999年版。

② 蒋日富、霍国庆、谭红军、郭传杰：《科研团队知识创新绩效影响要素研究——基于我国国立科研机构的调查分析》，《科学学研究》2007年第2期。康旭东、王前、郭东明：《科研团队建设的若干理论问题》，《科学学研究》2005年第4期。

③ 谢彩霞、刘则渊：《科研合作及其科研生产力功能》，《科学技术与辩证法》2006年第1期。丛杭青、王华平、沈琪：《合作研究及其认识论评价》，《科学学研究》2004年第5期。

④ 戴勇、范明：《科研团队有效性与主要影响因素关系研究》，《中国科技论坛》2009年第10期。

⑤ 包国宪、修卿善：《构建高绩效知识型团队的策略》，《中国软科学》2010年第4期。

⑥ 许治、陈丽玉、王思卉：《高校科研团队合作程度影响因素研究》，《科研管理》2015年第5期。

在对科研团队创新绩效的测度上，学者们已经意识到这不仅仅是个简单的定量问题，应该多方面综合考虑，但现有文献较少涉及科研团队层面的创新绩效评价，更多的研究内容侧重于国家或区域层面、产业层面或企业层面创新绩效评价，所使用的方法囊括了 AHP 模糊评价、量表分析、DEA、构建量化指标体系、社会网络分析等多种形式。[1] 通过现有技术手段检索到关于科研团队层面上的创新绩效评价的文献中，尚润芝采用了广泛认可的杨森（Janssen）九分量表[2] 对高科技企业研发团队的创新绩效进行了测度，并考察了企业网络结构、变革型领导对绩效的影响，晋琳琳也采取了量表的测度方式，其在菲利普（Philip）和若米金（Romijn）的基础上提出团队创新绩效（IP）的测量，并利用该方法对 107 支教育部创新团队绩效进行了考察。[3] 此外陈学光在衡量高技术企业研发团队绩效时借鉴了 Ritter 的量表形式。[4] 而戴勇则利用 AHP 方法对团队有效性进行了测评，而后还明确了科研团队有效性受到任务特征、团队文化、团队制度、环境因素和团队构成的显著影响，另外尤特·胡舍格等（Ute R.Hülsheger et al.）利用投入产出模

---

① 刘顺忠、官建成：《区域创新系统创新绩效的评价》，《中国管理科学》2001 年第 1 期。魏后凯：《我国地区工业技术创新力评价》，《中国工业经济》2004 年第 5 期。单红梅：《企业技术创新绩效的综合模糊评价及其应用》，《科学管理》2002 年第 6 期。王青云、饶扬德：《企业技术创新绩效的层次灰色综合评判模型》，《数量经济技术经济研究》2004 年第 5 期。Eva Kirner, Steffen Kinkel,Angela, "Jaeger Innovation Paths and the Innovation Performance of Low-technology Firms—An Empirical Analysis of German Industry", *Research Policy*, 2009 (3). 王泽宇、王蕊、王国锋：《科研团队领导者的社会网络交互及其对团队绩效的影响》，《南开管理评论》2014 年第 1 期。

② 尚润芝、龙静：《高科技企业研发团队的创新管理：网络结构、变革型领导对创新绩效的影响》，《科学管理研究》2010 年第 5 期。

③ 晋琳琳：《高校科研团队知识管理系统要素研究——来自教育部创新团队的实证分析》，《管理评论》2010 年第 5 期。

④ 陈学光、俞红、樊利钧：《研发团队海外嵌入特征、知识搜索与创新绩效——基于浙江高新技术企业的实证研究》，《科学学研究》2010 年第 1 期。

型就团队层面的科技创新进行了考察。[①] 在科研团队创新绩效影响因素这一重要内容的探讨上，学界已取得了不少有借鉴意义的成果。詹姆斯·亚当斯等（James D. Adams et al.）利用 1981—1999 年美国 110 所顶尖研究型大学的科研数据，发现科研产出量和影响力大小与团队规模呈正相关，且这种影响随着机构合作程度越发增长。[②] 郑小勇也是以高校科研团队为例展开研究的，研究结果显示科研任务类型对团队互动与团队创新有效性和创新效率两者之间有一定的调节作用。[③] 汉斯杰·海恩（Hans J. Thamhain）认为组织环境及团队领导有助于团队研发绩效提高。[④] 陈春花也认为团队领导是影响团队绩效的关键因素之一。[⑤] 另外，蒋日富和刘惠琴也有如此认识。[⑥] 但同时陈春花还发现团队愿景也是影响科研团队知识创新绩效的关键因素，其次是科研项目和团队合作伙伴水平、信息共享、沟通和科研硬件条件，且该项研究还得知团队结构并非主要影响因素。[⑦] 国外学者路易斯·皮拉尔等（Pilar de Luis C. et al.）对西班牙大学研发团队的研究发现：研发团队授权与团队绩效及组织态度间呈正向关系，与工作相关的社会支持在调和团队授权对

---

　　① 戴勇、范明：《科研团队有效性与主要影响因素研究》，《中国科技论坛》2009 年第 10 期。Ute R.Hülsheger, Neil Anderson,Jesus F.Salgado., "Team-Level Predictors of Innovation at Work:A Comprehensive Meta-Analysis Spanning Three Decades of Research", *Journal of Applied Psychology*, 2009 (5).

　　② James D.Adams, Grant C.Black, J.Roger Clemmons, Paula E.Stephan, "Scientific Teams and Institutional Collaborations: Evidence from U.S. Universities,1981-1999", *Research Policy*, 2005 (3).

　　③ 郑小勇、楼鞅：《科研团队创新绩效的影响因素及其作用机理研究》，《科学学研究》2009 年第 9 期。

　　④ Hans J. Thamhain, "Managing Innovative R&D Teams", *R&D Management*, 2003 (3).

　　⑤ 陈春花、杨映：《科研团队领导的行为基础、行为模式及行为过程研究》，《软科学》2002 年第 4 期。

　　⑥ 蒋日富、霍国庆、谭红军、郭传杰：《科研团队知识创新绩效影响要素研究——基于我国国立科研机构的调查分析》，《科学学研究》2007 年第 2 期。刘惠琴、张德：《高校学科团队中魅力型领导对团队创新绩效影响的实证研究》，《科研管理》2007 年第 4 期。

　　⑦ 陈春花、杨映：《科研团队领导的行为基础、行为模式及行为过程研究》，《软科学》2002 年第 4 期。

团队生产力影响中起促进作用，但与工作相关的组织支持则有助于调和团队授权对客户服务的影响，此外公平和团队性别多样化也给工作满意度带来了积极影响。① 汤超颖还认为变革型领导通过团队支持文化、团队灵活变革文化和团队市场绩效文化影响科研团队创造力，但层级规范文化对变革型领导与科研团队创造力之间的关系不起中介作用。② 刘宇文等（Yuwen Liu et al.）研究认为团队成员间的交流能影响到成员间知识共享意愿，而这又被证实对研发项目团队绩效提升大有裨益。③ 这在国内相关研究中也有相应报道，如柯江林等认为知识分享与知识整合对企业研发团队效能均有显著正效应，施琴芬的研究也发现高校教师隐性知识共享能够增加团队成员科研成果的数量、质量，节约科研时间和成本，同时也有利于团队成员获得更多的发展机会。④ 李志宏的结论有类似内容。⑤ 接着张鹏程研究文献还就合作网络特征对科研合作团队知识创新绩效进行了探索。⑥ 除上述研究以外，学者们在如何组织管理科研团队上也发表了众多真知灼见。尼古拉斯·冯奥塔斯等（Nicholas S. Vonortas et al.）针对大型研究组织的管理提出了相关建

---

① Pilar de Luis C., Sanchez A.M., Perez M.P., et al., "Team Empowerment:An Empirical Study in Spanish University R&D Teams", *International Journal of Human Resources Development and Management*, 2005 (1).

② 汤超颖、朱月利、商继美：《变革型领导、团队文化与科研团队创造力的关系》，《科学学研究》2011 年第 2 期。

③ Yuwen Liu,Robert T.Keller and Hsi-An Shih, "The Impact of Team-member Exchange, Differentiation,Team Commitment,and Knowledge Sharing on R&D Project Team Performance", *R&D Management*, 2011(3).

④ 柯江林、孙健敏、石金涛、顾琴轩：《企业 R&D 团队之社会资本与团队效能关系的实证研究——以知识分享与知识整合为中介变量》，《管理世界》2007 年第 3 期。施琴芬、张运华、胡泽平、杨振华、孟晓华：《高校教师隐性知识转移与共享因素分析》，《科学学与科学技术管理》2008 年第 12 期。

⑤ 李志宏、朱桃、赖文娣：《高校创新型科研团队隐性知识共享意愿研究》，《科学学研究》2010 年第 4 期。

⑥ 张鹏程、彭菡：《科研合作网络特征与团队知识创造关系研究》，《科研管理》2011 年第 7 期。

议，认为组织成员的多元化，比较适宜在组织构建的早期阶段就资源、能力、技术进行合理配置。另外，通过制定一定标准有效降低组织随后研究的不确定性。[1] 克洛斯特·潘德扎等（Krsto Pandza et al.）的研究关注于合作研发网络的多元化态势，并认为这将给成员间跨国或跨机构知识共享的管理带来较大压力。[2] 在国内，赵时亮认为虚拟科研团队是未来科研方式的发展方向，并就其管理提出了"明确团队的战略任务、建立新颖的团队成员关系、相互信任、有效约束及技术保障"等建议，[3] 而邢一亭则对一高校科研团队合作状况进行了调查，并就团队建设、知识共享、成员合作情况提出了质疑，最后给出了自己的思考。[4] 另外，包国宪在对高绩效知识型团队及其成员特点分析的基础上，依据团队建设的若干理论，提出如何构建高绩效知识型团队的管理对策。[5]

综上所述，国内外学术界已就科研团队性质、作用、创新效果及管理开展了多方位研究，然而在测度科研团队层面创新绩效上有较少的相关文献被报道，且在科研团队创新绩效测度上未能剥离外部环境因素和统计噪声的影响，因此对决策单元的创新绩效评价很难做到准确和客观，当然就规模效率状况亦无法明确认知。由此，本章第一节余下部分在对现代农业产业技术体系研发中心岗位和综合试验站专家

---

[1]　Nicholas S. Vonortas, Richard N. Spivack, "Managing Large Research Partnerships: Examples from the Advanced Technology Program's Information Infrastructure for Healthcare Program", *Technovation*, 2006(10).

[2]　Krsto Pandza, Terry A. Wilkins, Eva A. Alfoldi, "Collaborative Diversity in a Nanotechnology Innovation System: Evidence from the EU Framework Programme", *Technovation*, 2011(9).

[3]　赵时亮、陈通：《虚拟科研团队及其管理研究》，《科学学与科学技术管理》2005 年第 5 期。

[4]　邢一亭、孙晓琳、王刊良：《科研团队合作效果研究——一个高校科研团队合作状况的调查分析》，《科学学与科学技术管理》2009 年第 1 期。

[5]　包国宪、修卿善：《构建高绩效知识型团队的策略》，《中国软科学》2010 年第 4 期。

统计资料分析的基础上，借助于三阶段 DEA 方法尝试获得以下新信息：（1）剔除外部环境因素和统计噪声的影响，获得现代农业产业技术体系第一层级和第二层级科研团队层面各决策单元真实准确的创新绩效；（2）通过 SFA 分析过程，全面把握各环境要素对决策单元创新过程作用的方向及程度；（3）就决策单元的技术效率进行分解，明确其效率较低的决定性因素，是管理无效抑或规模无效；（4）不同体系成员的创新绩效测度结果与比较分析情况；（5）就分析结论给出可操作性的建议。

（二）体系研发中心团队成员创新绩效——体系协同创新核心层级

1. 研究方法与数据说明

（1）经验分析方法。

借由创新主体[①]的投入产出数据评估其绩效表现已经成为学界的共识，而要准确测度样本的创新绩效，就必须明确样本的前沿面函数科内利、蒂莫西·杰等（Coelli, Timothy J. 等）。[②]过去的 40 年中，学者们尝试了各种方法估计前沿面函数，这其中洛弗尔（Lovell）的工作最为杰出，其在该文研究中同时使用了非参数的 DEA 分析和参数的 SFA 分析方法。[③]上述两种方法在应用上各有利弊，DEA 方法采用线性规划手段能够直接估计多个决策单元（DMU）的相对有效性而无须进行参数估计，同时还避免了预设投入产出指标间的具体函数形式和特定的行为假设，因而能有效减少人为因素引起的误差，但其作为一种确定性

---

① 为了不同情境下叙述上的方便，文中创新主体、样本、决策单元、团队成员、评价单元未特殊说明处为同一"主体"。

② Coelli, T.J., Rao, D.S.P., O'Donnell, C.J., Battese, G.E., *An Introduction to Efficiency and Productivity Analysis* (2nd Eedition), CO: Springer Press, 2005.

③ Lovell, C.A.K., *Production Frontiers and Productive Efficiency in the Measurement of Productive Efficiency: Techniques and Applications*, New York: Oxford University Press, 1993.

的前沿模型，无法对技术有效性的存在与否和生产函数的结构作出统计假定检验科内利等（Coelli 等）。[①] 而 SFA 方法则利用生产函数来构造生产前沿面可将模型中的误差项分解为统计误差和技术无效误差，但 SFA 方法也有一些缺点，如必须预设函数假定形式，此外对投入产出指标数量、行为假设要求也较高。本章研究中所使用弗里德（Fried）的三阶段 DEA 方法，实际上就是 DEA 方法与 SFA 方法的结合，该方法兼具 DEA 和 SFA 方法的优点，更重要的是避免了传统 DEA 模型的很多缺陷，具有很好的数理性质。[②] 应用该方法的步骤如下：第一阶段按照传统 DEA 模型测度出决策单元的技术效率；第二阶段引入 SFA 回归分析方法以投入松弛或产出松弛为因变量，以外部环境变量为自变量构建回归方程（方程也包含了统计噪声的因素），该方程运行后借助于估计所得结果对初始投入量或产出量进行相应的调整；第三阶段则将调整后的投入或产出值代入传统 DEA 模型（即第一阶段）中再次测度评价单元的技术效率，该值由于剥离了外部环境和统计噪声等因素的影响，因此更接近决策单元的真实情况。

（2）数据说明。

为了全面了解现代农业产业技术体系协同创新现状，本书课题组依托产业技术体系重大专项平台，根据不同产品及地区特征，对产业技术体系协同创新过程中的相关主体包括首席、岗位科学家、综合试验站站长和依托单位的相关负责人或管理人员，进行了访问、座谈和小型会议交流或开展实际调研，并收集了一套统计研究资料。该统计资

①　Coelli, T.J., Rao, D.S.P., O'Donnell, C.J., Battese, G.E., *An Introduction to Efficiency and Productivity Analysis (2nd Edition)*, CO: Springer Press, 2005.

②　Fried H.O., Lovell C.A.K., Schmidt S.S., Yaisawarng S., "Accounting for Environmental Effects and Statistical Noise in Data Envelopment Analysis", *Journal of Productivity Analysis*, 2002(17).

料涉及 33 类农产品产业体系的相关人员 2359 人，其中 B 岗位专家 21 名，分别占全部产品体系比重和统计资料样本总体的 42.00% 和 0.89%；A 岗位专家 340 位，占统计资料样本总体的 14.41%；C 岗位专家 350 人，占统计资料样本总体的 14.84%；体系团队成员 1555 人，所占比重为 65.92%；依托单位管理人员 36 人，所占比重为 1.53%；体系外科技人员 41 人，所占比重为 1.74%；其他人员 16 人，所占比重为 0.67%。该统计资料包括了被调查人的基本特征、对现代农业产业技术体系的总体评价、团队创新目标与现代农业产业技术体系日常运行、经费管理、考核与评价、现代农业产业技术体系与其他各方的联系、团队创新成果及被调查人员对完善产业技术体系协同创新的建议等内容。上述准备工作，一方面希望通过交流、面对面的座谈、访问等方式获得第一手的定性资料及直观感觉；另一方面通过深刻分析反映现代农业产业技术体系协同创新状况的统计资料，从中探寻有利于进一步改善体系管理、稳定运行机制，确保现代农业产业技术体系协同创新顺畅的规律性结论，为有关部门决策提供科学依据和充分的支撑材料。基于该部分的研究目的，选取了现代农业产业技术体系研发中心岗位专家的统计资料用于综合分析。

①投入产出指标选择。

在研究科研团队核心成员的创新绩效时，一般应选择与团队成员创新密切联系的产出和投入指标，以提高分析结果的可信性。为符合 DEA 方法的使用条件，该研究中选取具有同质性的科研团队核心成员作为研究对象，即认为所有的样本都利用相似的技术和手段开展农业科技创新活动，此外假设所有评价单元具有同质的创新环境或经营运气。

当满足所选绩效评价单元同质性要求后，科研团队核心成员投入产出指标的选取和赋值还需达到以下条件：一是所有决策单元均使用相同投入和产出要素，且每个指标均赋正值；二是选取的投入指标应能反映科研团队成员创新活动的主要过程；三是不同投入和产出指标的量纲可不一致，如年工作时间、经费支出（元）、出版专著（部）、发表论文（篇）、培训基层技术人员（人次）等。依托现代农业产业技术体系项目的统计资料，拟定科研团队核心成员创新绩效的投入产出指标，见表 2.1。

表 2.1　团队成员创新绩效投入产出指标

指标分类	刻画指标	量纲	平均值	标准差	最小值	最大值
投入指标	经费支出	万元	65.18	9.19	27	68.25
	工作时间	日	272.84	26.56	108	288
	合作交流	次	9.41	14.53	0	100
产出指标	出版专著	部	0.45	0.77	0	4
	发表论文	篇	5.98	10.75	0	63
	申报专利	项	0.96	1.98	0	20
	培训基层技术人员	人次	534.18	1729.60	0	4000
	推广品种	个	1.90	3.95	0	60
	发掘资源	份	15.87	69.11	0	402

注：工作时间，每日工作时间以 8 小时计，一年计 360 个工作日。在对数据进行分析时，表格内数据严格按照四舍五入法，保留小数点后两位。

文中投入指标选择了年经费支出（万元）、年工作时间（工作日）、年合作与交流（次）三项指标，其中经费支出和工作时间，分别表示成员在创新活动中的财力资源和人力资源投入，是团队成员科技创新活动的核心要素，而合作与交流则反映的是科研团队成员在日常科技活动中与外部科研团队交流互动、资源共享的状况，也是时下科技创新活动中重要的投入要素构成。产出指标构成中则包括了科研团队成员出版专著（部）、发表论文（篇）、申报专利（项）、培训基层技术人员（人次）、推广品种（个）、发掘资源（份）等指标，其中出版专著、发表论文、申报专利等产出是科技创新成果用于产业化的原始形式，最终将体现为创新产出的社会经济效益，是评价科研团队创新绩效的重要考量指标；培训基层技术人员、推广品种是科研团队成员创新成果的重要内容，表明科研团队成员创新活动带来的社会效益；发掘资源份数指标在一定程度上说明了成员在创新活动中带来的生态效益。

②环境变量的设定。

环境变量是那些影响科研团队成员创新绩效但又不受自身控制的因素，由于团队成员在短期内无法控制或改变因素的性质，因而在研究中将其统称为科技创新的外部环境因素。一般来讲，团队成员在科技创新活动中所面临的外部环境因素既包括国家经济状况、宏观政策和市场化程度等社会经济因素，也包括气候水土资源等自然条件因素，还囊括有团队成员年龄、职称、专业构成、依托单位性质、团队规模等科技人员特征因素。

在综合考虑现代农业产业技术体系项目及科研团队组成特征基础上，文中选取以下环境因素：团队成员的职称，该环境要素用于体现创新主体的知识水平与自身素质对创新活动效率的影响；现代农业产业技术体系目标认知的清晰程度，该环境要素用于体现科技工作者其创新目标的明确性对创新活动最终成果的影响；对团队成员知晓程度，该环境要素用于体现团队内部的交流互动（或知识共享）对创新活动效率的影响；不同团队是否经常交流，该环境要素用于体现跨团队间的交流与知识共享对创新活动效率的影响；所在研究团队在经费使用

上的合理程度，该环境要素用于反映组织现行的经费管理机制对创新
活动效率的影响；地方政府对产业技术体系发展支持情况，该环境要
素用于体现政策性因素对创新活动效率的影响；依托单位性质，该环
境要素用于体现依托单位管理制度规范对创新活动效率的影响。

表 2.2　环境变量的统计性质

统计变量	赋值说明	平均值	标准差	最小值	最大值
职称	1= 教授（研究员），2= 副教授（副研究员），3= 讲师（助研），4= 其他	1.07	0.26	1	2
产业技术体系目标认知的清晰程度	1= 非常清楚，2= 较清楚，3= 清楚，4= 不清楚	1.32	0.74	1	3
对团队成员知晓程度	1= 非常了解，2= 较了解，3= 了解，4= 不了解	1.52	0.76	1	4
不同团队是否经常交流	1= 是，2= 否	1.38	0.49	1	2
产业技术体系在经费使用上的合理程度	1= 很合理，2= 合理，3= 不合理	1.88	0.49	1	3
地方政府对产业技术体系发展支持情况	1= 没有，2= 有，但不大，3= 有，非常大	1.69	0.64	1	3
依托单位性质	1= 科研单位或高校，2= 其他（如企业）	1	0.05	1	2

　　表 2.1 和表 2.2 给出了科研团队成员投入和产出指标及环境要素的
赋值及统计值，可以看出：在创新活动中不同主体的经费、时间、合
作交流等投入数以及专著、论文、专利、技术培训、品种推广、资源
发掘数等产出数，均呈明显差异，这是由多方面因素带来的，包括有

创新主体所处的社会环境、团队管理方式和创新愿景以及不可忽视的随机偶然因素。在影响创新主体创新效率的环境要素中，统计分析表明：创新主体知识层次较高，均为高级职称，其中正高级职称占到统计样本的 92.80%；绝大多数样本对现代农业产业技术体系目标认知清晰，认知清楚和较清楚的样本比重占到了总数的 97%；创新主体在科技活动经常参与团队内互动，彼此之间较为了解，数据显示，累计 89.20% 比例的样本对团队成员非常了解和较了解，仅不到 3% 比例的创新主体表示其对团队成员不了解；不同科研团队间交流较为频繁，62.30% 比例的创新主体表示经常参与跨团队交流；绝大多数样本认为现代农业产业技术体系经费使用上很合理或合理，仅 7% 比例的创新主体表示科技经费使用不合理；59.60% 的创新主体表示地方政府对产业技术体系发展提供了支持，这其中仅有 9.70% 的样本表示地方政府政策扶持对产业技术体系发展作用很大，该事实一定程度可以反映出地方政府对产业技术体系支持作用体现得还不明显；绝大多数创新主体的依托单位为高校或科研院所等事业单位，仅有 3 个样本的依托单位为企业，不到统计样本总数的 1%。

2. 实证分析过程

（1）第一阶段：传统 DEA 的运用。

在 DEA 模型中，当所有决策单元都以最优规模从事创新活动时，假定规模报酬不变（CRS）是合适的。但不完全竞争市场、政府法令和财政束缚，导致科技创新主体不能以最优规模运作。为此，诸多学者，如阿弗里亚（Afriat）、法尔、格罗斯科普夫和罗根（Fare, Grosskopf and Logan），还有班克、查恩斯和库珀（Banker, Charnes and Cooper），均提出对 CRS 的 DEA 模型进行完善以解决决策单元面临规模报酬可变

（VRS）时的情况，这便有了后来 VRS 的广泛使用。[①] 由于使用 VRS 条件要宽松很多，其可不受规模效率的影响而计算出技术效率，因此本研究为保证实证结果真实可信，采取规模报酬可变模型（VRS）对科研团队成员的创新效率进行了测度。另外，因 VRS 模型有面向投入和面向产出的区分，其中面向投入模型指在产出水平一定时，分析投入最小化的线性规划问题，而面向产出模型指在投入水平一定时，分析产出最大化的线性规划问题。在很多研究中，学者们倾向于选择面向投入的模型，因为决策单元往往需要达到特定的产出量，此外，因投入作为创新主体关键的决策变量较易控制，所以该节研究中采用投入导向的 VRS 模型来测度科研团队成员的协同创新绩效水平。

$$
\left\{
\begin{aligned}
& \min_{\theta,\lambda} \theta^k \\
& \text{s.t. } \theta^k x_{n,k} \geqslant x_{n,k}\lambda_k \\
& y_{m,k}\lambda_k \geqslant y_{m,k} \\
& \lambda_k \geqslant 0(k=1,2,\cdots,361) \\
& \sum_{k=1}^{361} \lambda_k = 1
\end{aligned}
\right.
\tag{2.1}
$$

式（2.1）中一共涉及 361 个决策单元（DMU），对每个样本而言有 n 个投入、m 个产出数据，对第 k 个决策单元，用列向量 $x_{n,k}$、$y_{m,k}$ 分别代表它的投入与产出。也就是说，$N \times 1$ 的投入矩阵 $x_{n,k}$ 和 $M \times 1$ 的产出矩阵 Q 代表了 k 个样本所有的数据。λ_k 是第 n 项投入及第 m 项产出加权系数；θ^k 为第 k 个决策主体的效率值，该值介于 0 到 1 之间，越靠

[①]　Afriat,Sidney N., "Efficiency Estimation of Production Functions", *International Economic Review*,1972(3). Rolf Fare, Shawna Grosskopf, James Logan, "The Relative Efficiency of IIIinois Electric Utilities", *Resource and Energy*, 1983(4). Banker R.D., A.Charnes, and W.W.Cooper, "Some Models for Estimating Technical and Scale Inefficiencies in Data Envelopment Analysis", *Management Science*, 1984(9).

近于 1 表示效率越高，$\theta^k=1$ 的决策主体创新效率最高。此外，$x \geq 0$、$y \geq 0$，且 $n=3$、$m=6$。

在第一阶段，基于面向投入的 VRS 模型，文中选用 DEAP 2.1 软件对样本总体、A 岗位专家样本、B 岗位专家样本进行测度。DEA 分析结果显示，在综合考虑管理无效率、环境及随机干扰等复合因素时，现代农业产业技术体系科研团队核心层级所涉及的样本其技术效率均值为 0.26，纯技术效率均值为 0.75，平均规模效率为 0.33。这说明在现有的科技创新环境和投入水平上，团队成员在科技创新成果上还有 74% 的上升空间，因此着力提升团队成员的技术效率无疑会带来其科技创新成果量和质的提高，而这又能提升现代农业产业体系建设的科技支撑。此外，分析数据还显示，样本中不同岗位的创新主体其技术效率存在显著差异，B 岗位专家的创新技术效率为 0.64，远高于 A 岗位专家的 0.25，见表 2.3。

表 2.3　第一阶段测度的创新效率值

效率类型	总体效率值			A 岗位专家效率值			B 岗位专家效率值		
	效率	纯技术效率	规模效率	效率	纯技术效率	规模效率	效率	纯技术效率	规模效率
平均值	0.26	0.75	0.33	0.25	0.88	0.28	0.64	0.98	0.65

表 2.4 列出了传统 DEA 测度创新主体的技术效率的分布情况，在 361 个样本中，技术效率值在 0.6 以下的有 327 位，占到了样本总数的 90.58%，技术效率值在 0.6 以上的仅有 34 位，其比例不到样本总数的 10%。这其中创新技术效率值居于 0.1 以下和 0.2—0.4 的样本最多，分别占到了样本总数的 30.75% 和 28.53%，此外，创新技术效率值介于 0.1—0.2 和 0.4—0.6 的样本也有较大份额，分别占到了样本总数的 19.11% 和 12.19%。

表 2.4　传统 DEA 测度创新主体技术效率分布情况

技术效率值	<0.1	0.1—0.2	0.2—0.4	0.4—0.6	0.6—0.8	0.8—0.9	0.9—1
样本数	111	69	103	44	7	5	22
比例（%）	30.75	19.11	28.53	12.19	1.94	1.39	6.09

表 2.5 和表 2.6 反映的是创新主体的纯技术效率和规模效率的分布情况，结果显示，样本的纯技术效率在小于 0.7 的区间上占较大份额，比例为 39.34%，然在此区间样本的纯技术效率值在 0.68—0.70 呈紧密分布状态。另外，0.7—0.8 的样本也占到了较大份额，比例为 39.89%，在区间 0.8 以上的样本比例相对较小，不到 21% 的比例，总体而言，样本的纯技术效率有着不俗表现；就样本的规模效率来看，情况不太乐观，高达 85.32% 比例的样本处于 0.6 以下的区间，而规模效率高于 0.8 的样本占比不足 9%。

表 2.5　传统 DEA 测度创新主体的纯技术效率分布情况

纯技术效率值	<0.7	0.7—0.8	0.8—0.9	0.9—1
样本数	142	144	31	44
比例（%）	39.34	39.89	8.59	12.19

表 2.6　传统 DEA 测度创新主体的规模效率分布情况

规模效率值	<0.1	0.1—0.2	0.2—0.4	0.4—0.6	0.6—0.8	0.8—0.9	0.9—1
样本数	82	69	88	69	23	4	26
比例（%）	22.72	19.11	24.38	19.11	6.37	1.11	7.20

（2）第二阶段：随机前沿模型（SFA）回归及分解。

当衡量第一阶段 VRS 模型径向或非径向松弛值，往往会将其归结为内部管理无效，而忽视了外部环境因素和统计噪音对原始投入或产出松弛值的影响。究竟第一阶段测度样本创新的综合效率损失是管理效率损失造成的，还是外部环境因素或统计噪音造成的，为此引入了弗里德（Fried）的实证分析方法。[1] 该方法分析的主要目的之一就是对引起原始投入或产出松弛的内部管理无效、外部环境和统计噪音等因素进行分解。而 SFA 方法，通过做原始投入松弛值同外部环境变量、复合误差项的回归，可以同时捕捉和识别内部管理无效和统计噪声对松弛值的影响效应，此外，还能识别出三类因素对松弛变量的作用方向和大小。

当做 SFA 回归时，可以同时考虑将原始投入或产出松弛变量纳入回归模型中，然而鉴于在第一阶段 DEA 分析中选用的为面向投入的模型，在此选择将投入松弛变量作为回归的因变量。另外说明一点，文中分别做了个投入松弛变量的 SFA 回归，即三个 SFA 回归方程。

第一步，确认二阶段 SFA 回归中因变量，即一阶段 DEA 分析中的投入松弛量（S_{nk}）。$s_{nk} = x_{nk} - \sum_{k=1}^{361} \lambda_k x_{nk} \geq 0, n = 1,2,3, k = 1,2,\cdots,361$，其中 S_{nk} 为传统 DEA 分析中第 k 个决策主体的第 n 种投入松弛，而 x_{nk} 为第 k 个评价主体第 n 种要素实际的投入量，另外 $\lambda_k x_{nk}$ 对应 x_{nk} 在对应产出向量 y_k 上最优的映射。

第二步，建立松弛量与环境变量的 SFA 回归模型：

$$s_{nk} = f^n(z_k; \beta^n) + v_{nk} + u_{nk}, n = 1,2,3; k = 1,2,\cdots,361 \qquad （2.2）$$

式（2.2）中 $f^n(z_k; \beta^n)$ 为确定可行的松弛前沿，表示环境变量对投入松弛量的影响效应，该式亦可写作 $f^n(z_k; \beta^n) = z_k \beta^n$，其中 $z_k = [z_{1k}, z_{2k}, \cdots, z_{pk}]$，$k=1,2,\cdots,361$ 为 p 个可观测的环境变量，而向量 β^n 则是需估计的

① Fried H.O.,Lovell C.A.K.,Schmidt S.S.,Yaisawarng S., "Accounting for Environmental Effects and Statistical Noise in Data Envelopment Analysis", *Journal of Productivity Analysis*,2002(17).

系数；$v_{nk}+u_{nk}$ 为复合误差项，其中 v_{nk} 表示统计噪声，u_{nk} 表示管理无效，v_{nk} 与 u_{nk} 独立不相关，并假定 $v_{nk}\sim N(0,\sigma_{vn}^2)$、$u_{nk}\sim N^+(\mu^n,\sigma_{un}^2)$。再设 $\gamma=\sigma_{uk}^2/(\sigma_{uk}^2+\sigma_{vk}^2)$，当 γ 趋向 1 时，认为管理无效起主要作用；当 γ 趋向 0 时，随机噪声起主要作用。另外，对于 z_k，其对应的每个回归系数采用最大似然估计方法获得，当然地（μ^n，σ_{un}^2，σ_{vn}^2）也是回归模型需要估计的参数。

第三步，利用前述结果对投入变量进行调整。在对投入进行调整之前，为获得每个创新主体的 v_{nk} 必须先在 SFA 回归模型的残差项中将其从管理无效中剥离开来。这里采用德罗·杰等（Jondrow, J., et al.）的方法对式（2.2）的复合误差项进行了分离，通过管理无效的条件估计结果 $\hat{E}[u_{nk}/v_{nk}+u_{nk}]$ 和前述（$\hat{\beta}^n,\hat{u}^n,\hat{\sigma}_{vk}^2,\hat{\sigma}_{uk}^2$）等参数，构造的统计噪声估计为：$\hat{E}[v_{nk}/v_{nk}+u_{nk}]=s_{nk}-z_k\hat{\beta}^n-\hat{E}[u_{nk}/v_{nk}+u_{nk}]$。[1]另外，为使得所有的决策单元具有同质的创新环境或经营运气，较常见的做法是将那些处于相对有利环境或运气较好的评价单元的投入向上进行调整，最终将所有决策单元的环境或运气调整至相同状况。对照第二阶段的 SFA 回归结果，将调整后的投入量界定为：

$$x_{nk}^A=x_{nk}+[\max_k\{z_k\hat{\beta}^n\}-z_k\hat{\beta}^n]+[\max_k\{\hat{v}_{nk}\}-\hat{v}_{nk}], \quad n=1,2,3;k=1,2,\cdots,361。$$

其中，等式中的 x_{nk}^A 和 x_{nk} 分别表示调整后投入量和观测投入量，$\hat{\beta}^n$，$\hat{v}_{nk}$ 解释同上；等式右边 $\max_k\{z_k\hat{\beta}^n\}-z_k\hat{\beta}^n$ 表示将所有评价主体的创新环境均调至样本中所显示的最差环境；等式右边 $\max_k\{\hat{v}_{nk}\}-\hat{v}_{nk}$ 则表示将所有评价单元的运气调至样本总体中所显示的最差运气（随机误差）。

第四步，SFA 回归分析过程。将第一阶段 DEA 分析中得到的投入松弛量作为被因变量，将决策单元的职称、对体系目标认知的清晰程

---

[1]　Jondrow, J., C.A.K. Lovell, I.Materov, and P. Schmidt., "On the Estimation of Technical Inefficiency in the Stochastic Frontier Production Function Model", *Journal of Econometrics*, 1982 (2/3).

度、对团队成员知晓程度、不同团队是否经常交流、体系在经费使用上的合理程度、地方政府对产业技术体系发展支持情况、依托单位性质作为自变量来构造三个 SFA 回归模型。模型估计结果表明：3 个投入要素的松弛方程中，γ 值都接近 1 且均在 1% 水平上显著，这一方面表明科研团队成员在创新活动中的确存在管理效率上的差异，所以 SFA 回归模型使用有其合理性；另一方面，方程估计结果也并不能完全表明样本间创新绩效的差异完全来自管理无效，而与外部环境因素和统计噪声无关。

表 2.7　SFA 回归估计结果

变量	时间投入松弛（方程 1）	经费投入松弛（方程 2）	合作交流投入松弛（方程 3）
常数项 C	0.7724 （1.0153）	−0.0136 （−0.3155）	10.6889*** （4.8173）
职称 +	0.3003** （1.7288）	0.0016 （0.1156）	2.1720* （1.4659）
体系目标认知的清晰程度 +	−0.0469 （−0.5630）	0.0335*** （3.1175）	0.0864 （0.0912）
对团队成员知晓程度 +	−0.0509 （−0.9023）	0.0048 （0.8188）	−0.4078 （−0.4449）
不同团队是否经常交流 +	−0.0787 （−0.8943）	0.0056 （0.7876）	0.1206 （0.1164）
体系在经费使用上的合理程度 +	0.0480 （0.5332）	0.0054 （0.8883）	−0.7569 （−0.7039）
地方政府对产业体系发展支持情况 −	−0.0111 （−0.1625）	0.0028 （0.5593）	1.5507** （1.6546）
依托单位性质 −	−0.2706 （−0.3880）	−0.0187 （−0.5987）	−2.5774*** （17.2421）

变量	时间投入松弛 （方程1）	经费投入松弛 （方程2）	合作交流投入松弛 （方程3）
σ^2	1.1025*** （10.8584）	0.0151*** （13.7208）	236.8761*** （48.9231）
γ	0.6151*** （14.6964）	0.9848*** （610.4594）	0.6235*** （20.7829）
对数概似函数	−463.3096	439.2662	−1417.2442

注：*、**、*** 分别表示在 10%、5%、1% 的水平上显著，括号内为 SFA 回归系数相对应的 t 统计值。

　　表 2.7 中三个分别以时间、经费、合作交流投入松弛量为因变量的回归方程中，其自变量符号给予的现实含义为：当各环境变量前的回归系数为正时，表示该环境变量所赋值增加的同时将带来相应投入松弛增加，也就是更倾向于投入浪费或产出低效；而当各环境变量前的系数为负时，说明该变量所赋值增加的同时将带来相应投入松弛减少，也就是更趋向于抑制投入的浪费或者提高产出效率。此外需要说明的是，当环境变量回归系数对应的 t 值未通过显著性检验时，仍认为环境变量对各投入松弛量存在方向上的影响。结合上文各环境变量赋值情况和实证分析结果，试做下述讨论：①职称。创新主体职称的提高，明显能够减少时间和合作交流投入松弛量，两项内容的回归系数所对应的 t 统计值分别通过了 5% 和 10% 显著性检验，鉴于经费投入松弛同创新主体职称的回归系数的 t 值统计上不具有显著性，由此认定创新主体职称对经费投入松弛来说仅存在方向上的影响。可能的原因在于：较高的职称，对应着相对较多的资源拥有量和相对较高的组织协调能力，此种情况下的创新主体更易获得较好的创新业绩。②体系目

标认知的清晰程度。创新主体对现代农业产业技术体系目标的认知程度的提高有利于减少经费和合作交流投入松弛量，但会增加创新主体在时间投入上的浪费。可能的原因在于：随着创新主体对体系目标认知程度越来越清晰，能促使其合理配置资源投入，提高管理效益，但这可能是建立在创新主体花费较多时间及精力的基础上的，为此存在时间投入浪费较多的可能。经费投入松弛量方程中的 t 值在 1% 的置信水平上显著，剩余两个方程中的 t 值都未通过显著性检验，仅存在方向上的影响。③对团队成员知晓程度。回归方程显示，对团队成员知晓程度的提高有利于减少创新主体在经费投入上的松弛量，却同时增加了创新主体在时间和合作交流投入上的浪费。然而，上述方程中相应回归系数均未通过 t 值显著性检验，为此认定上述影响仅具有方向性意义。④不同团队是否经常交流的情况。SFA 估计结果显示，不同团队之间经常交流的形式有利于减少创新主体在经费和合作交流投入上的松弛量，但不利于创新主体在时间投入上的松弛量，可能的原因在于：跨团队间的交流由于研究领域衔接难度大、涉及的环节较多，往往需要更多的时间保障，相应浪费更多。然而，上述方程中相应回归系数均未通过 t 值显著性检验，为此认定上述影响仅具有方向性意义。⑤体系在经费使用上的合理程度。表 2.7 中的分析结果显示，体系在经费使用上越是合理越是能够有效减少创新主体在时间和投入上的松弛量，但对创新主体合作交流投入松弛量存在逆向作用。这一方面说明，团队良好的经费管理机制有助于优化配置科研资源，提高团队协同创新效率；另一方面说明，当前体系各团队管理制度还存在诸多不完善的面，还有大量工作要抓、很多任务要做。当然地，鉴于三个回归方程相应自变量系数的 t 值未通过显著性检验，为此认定这种影响作用尚不明显。⑥地方政府对产业技术体系发展支持情况。模型估计结果表明，地方政府对产业技术体系发展的支持力度越大，越能有效降低创新主体在经费和合作交流投入上的浪费，其中合作交流投入松弛方程所对应的回归系数在 5% 的水平上达到显著；地方政府对产业技术体系的扶持，并未引起创新主体在时间投入松弛量上的降低，但相应回归系数并不具有统计学上的意义。⑦依托单位性质。实证分析结果显示，依托单位性质对创新主体的协同创新绩效存在显著影响，表现在依托单位为企业性质的创新主体相对于依托单位为高校或科研单位的创新主体其在时间、经费与合作交流投入松弛量上有明显减少，合作交流投入松弛量方程中对应自变量回归系数 t 统计值更是通过了 1% 水平的显著性检验。可能的原因在于：在市场经济条件下，依托单位为企业性质的创新主体其创新活动更倾向于在市场基本规律下开展，其创新活力更强、团队管理机制更完善，最终促使该类样本的科技资源配置更趋合理，协同创新成效更为明显。

（3）第三阶段：DEA 分析。

为使得所有决策单元均面临同质的创新环境或运气，有必要调整创新主体在初始条件下的要素投入量，以利于剥离出环境变量对决策单元创新效率的影响。根据前文分析，该处利用 $x_{nk}^A = x_{nk} + [\max_k\{z_k\hat{\beta}^n\} - z_k\hat{\beta}^n] + [\max_k\{\hat{v}_{nk}\} - \hat{v}_{nk}]$ 这一等式对各投入要素进行调整，并将调整后的创新投入与原先的 6 项产出再次放入第一阶段 DEA 的 VRS 模型进行分析，最终将获得各决策单元在第三阶段的技术效率和规模报酬情况，见表 2.8。

表 2.8　第三阶段测度的创新技术效率

效率类型	总体效率值			A 岗位专家效率值			B 岗位专家效率值		
	效率	纯技术效率	规模效率	效率	纯技术效率	规模效率	效率	纯技术效率	规模效率
平均值	0.24	0.97	0.25	0.23	0.97	0.23	0.62	0.99	0.62

为了比较第三阶段剥离环境因素后得出的技术效率值与第一阶段 DEA 所得出的技术效率值是否存在显著差异，在两阶段效率值总体分布未知或无法确定的情况下，不适宜采用 t 检验或 F 检验等参数检验方法，因此文中同时采用了配对符号秩和检验（Wilcoxon）和符号检验（Sign Test）两种非参数方法对上述两个相关样本资料进行检验。① SPSS 16.0 运行的检验结果显示，见表 2.9，Wilcoxon 检验中的 Z = −6.52，双侧 P = 0，可认为两阶段效率值有显著差别；Sign Test 结果中的双侧 P = 0，也证实两阶段效率值有明显差异，综合上述分析，认定第一阶段 DEA 分析的效率值与第三阶段 DEA 分析的效率值存在明显差异。

表 2.9　样本相关技术效率值的非参数检验

检验方法	配对符号秩和检验 （Wilcoxon）	符号检验 （Sign Test）
Z 值	−6.52	−5.96
双尾 P 值	0	0

表 2.3 和表 2.8 对比显示：从总体上看，剥离环境变量和随机噪声的干扰后，样本主体的平均创新技术效率由 0.26 降至 0.24，平均纯技术效率由 0.75 上升至 0.97，平均规模效率则由 0.33 降至 0.25。为此，

---

①　在两相关样本非参数检验中实际还存在着麦克尼马尔（Mcnemar）检验方法，然而该检验方法是以研究对象做自身对照，检验其"前后"的变化是否显著，适用于相关的二分变量数据，因此，用作该处（前后两阶段）的效率值显著性检验并不适宜，故而未予采用。

通过对要素投入量调整后发现，真实平均创新的技术效率比未剥离环境效应和随机噪声时更低，且调整前后样本的创新技术效率结构呈现明显差异，更重要的是，明确了导致样本创新技术效率较低的最关键因素是决策主体规模效率较低，而非管理上的无效，进一步研究表明，对比表 2.4 和表 2.11，第三阶段样本的技术效率在 0.1 以下的比例为 31.86%，较第一阶段的 30.75% 高出约 1 个百分点；在 0.1—0.4 的比例为 50.97%，较第一阶段的 47.64% 也高出了约 3 个百分点；0.4—0.8 的比例为 11.91%，较第一阶段的 14.13% 则是降低了约 3 个百分点；0.8 以上的比例也略有下降，由第一阶段的 8.48% 降至第三阶段的 5.26%，见表 2.4 和表 2.10。

表 2.10　第三阶段测度的创新主体技术效率分布情况

效率值	<0.1	0.1—0.4	0.4—0.8	0.8—16
样本数	115	184	43	19
比例（%）	31.86	50.97	11.91	5.26

另外，对比表 2.5 和表 2.11，所有决策主体的平均纯技术效率在第三阶段都处于 0.8 以上，但在第一阶段该比例不足 21%，且样本的纯技术效率分布相对集中，高达 99.17% 比例的样本管理效率集中于 0.9—1，不到 1% 的样本介于 0.8—0.9。

表 2.11　第三阶段测度的创新主体纯技术效率分布情况

纯技术效率值	0.8—0.9	0.9—1
样本数	3	358
比例（%）	0.83	99.17

当对比表 2.6 和表 2.12 时，规模效率在第三阶段位于 0.4 以下

的比例高达 82.83%，远高于初始阶段的 66.21%；在 0.6 以上的为 8.31%，比初始阶段低了约 7 个百分点；第三阶段在 0.4—0.6 区间上的规模效率也有较大幅度降低，由初始阶段的 19.11% 降至第三阶段的 8.86%。从不同系列岗位创新主体来看，剥离环境变量和随机噪声的干扰后，A 岗位专家与 B 岗位专家的平均技术效率均有小幅下降，表示其之前较高的技术效率与其所处的创新环境或运气有较大关联。至于两系列主体平均技术效率出现下降的主要原因则为规模效率的降低，故而调整样本创新投入规模可能成为提高样本创新效率的重要政策路径。

表 2.12　第三阶段测度出的创新主体的规模效率分布情况

规模效率值	<0.1	0.1—0.2	0.2—0.4	0.4—0.6	0.6—0.8	0.8—0.9	0.9—1
样本数	113	75	111	32	11	0	19
比例（%）	31.30	20.78	30.75	8.86	3.05	0	5.26

（三）体系试验站团队成员创新绩效——体系协同创新的第二层级

1. 研究方法与数据说明

（1）经验分析方法与数据说明。

本小节所选用的实证分析方法同本节第（二）部分的内容，另外基于该节的研究目的，选取了现代农业产业技术体系第二层级——综合试验站专家岗位的调查统计资料用于综合分析。

（2）投入产出指标选择。

在研究科研团队的创新绩效时，一般应选择与团队成员创新密切相关的投入及产出指标，以确保实证分析结果的可信性。为满足 DEA 方法的使用条件，本节选用了具有同质性的现代农业产业技术体系科研团队的第二层级——综合试验站岗位专家作为研究对象，即所有的成员都运用类似的技术和生产手段从事科技创新活动，另外假设所有成员面临同质的创新环境或运气。

在满足所选绩效评价单元同质性要求后，科研团队核心成员投入产出指标的选取和赋值仍需达到以下条件：一是所有决策单元均使用相同投入和产出要素，且每个指标均赋正值；二是所选用的投入指标应能反映科研团队成员创新活动的主要过程；三是不同投入和产出指标的量纲可不一致，如年工作时间（日）、经费支出（万元）、出版专著（部）、发表论文（篇）、培训基层技术人员（人次）等。在对科研团队协同创新过程进行细分的基础上，依托现代农业产业技术体系的统计资料，拟定综合试验站专家成员协同创新绩效的投入产出指标见表2.13。

表2.13　团队成员创新绩效投入产出指标

指标分类	刻画指标	量纲	平均值	标准差	最小值	最大值
投入指标	经费支出	万元	28.84	1.10	20.25	29.25
	工作时间	日	272.16	25.29	108	288
	合作交流	次	8.21	12.59	0	87
产出指标	出版专著	部	0.19	0.61	0	6
	发表论文	篇	5.10	29.43	0	200
	申报专利	项	0.41	1.97	0	33
	培训基层技术人员	人次	574.53	1605.45	0	5000
	推广品种	个	3.43	4.17	0	50
	发掘资源	份	11.9257	59.5544	0	330

注：工作时间，每日工作时间以8小时计，一年计360个工作日。在对数据进行分析时，表格内数据严格按照四舍五入法，保留小数点后两位。

文中投入指标选择了年经费支出（万元）、年工作时间（工作日）、年合作交流（次）三项指标，其中经费支出和工作时间，分别表示成员在创新活动中的财力资源和人力资源投入，是团队成员科技创新活动的核心要素，而合作交流则反映的是科研团队成员在日常科技活动中与外部科研团队交流互动、资源共享的状况，也是时下科技创新活动中重要的投入要素构成。产出指标构成中则包括了科研团队成员出版专著（部）、发表论文（篇）、申报专利（项）、培训基层技术人员（人次）、推广品种（个）、发掘资源（份）等指标，其中出版专著、发表论文、申报专利等产出是科技创新成果用于产业化的原始形式，最终将体现为创新产出的社会经济效益，是评价科研团队协同创新绩效的重要考量指标；培训基层技术人员、推广品种是科研团队成员创新成果的重要内容，表明科研团队成员创新活动带来的社会效益；发掘资源份数指标在一定程度上说明了成员在创新活动中带来的生态效益。

（3）环境变量的设定。

环境变量是那些影响科研团队成员创新绩效但又不受自身控制的因素，因团队成员在短期内无法控制或改变其性质，为此研究中将这些不可控因素统称为协同创新的外部环境。一般来讲，团队成员在协同创新活动中所面临的外部环境因素既包括国家经济状况、宏观政策和市场化程度等社会经济因素，也包括气候水土资源等自然条件因素，还囊括有团队成员年龄、职称、专业构成、依托单位性质、团队规模等科技人员特征因素。

表 2.14　环境变量的统计性质

统计变量	赋值说明	平均值	标准差	最小值	最大值
职称	1= 教授（研究员），2= 副教授（副研究员），3= 讲师（助研），4= 其他	1.89	1.10	1.00	4.00
体系目标认知的清晰程度	1= 非常清楚，2= 较清楚，3= 清楚，4= 不清楚	1.45	0.69	1.00	3.00
对岗位任务认知程度	1= 非常清楚，2= 较清楚，3= 清楚，4= 不全清楚，5= 不清楚	1.29	0.62	1.00	3.00
对团队成员知晓程度	1= 非常了解，2= 较了解，3= 了解，4= 不了解	1.53	0.70	1.00	4.00
不同团队是否经常交流	1= 是，2= 否	1.47	0.50	1	2
体系在经费使用上的合理程度	1= 很合理，2= 合理，3= 不合理	1.83	0.46	1	3
地方政府对产业技术体系发展支持情况	1= 没有，2= 有，但不大，3= 有，非常大	1.74	0.61	1	3
依托单位性质	1= 科研单位或高校，2= 其他（如企业）	1.18	0.39	1	2

在综合考虑现代农业产业技术体系项目及科研团队组成特征基础上，文中选取以下环境因素：①团队成员的职称，该环境要素用于体现创新主体的知识水平与自身素质对创新活动效率的影响；②体系目标和岗位任务认知的清晰程度，这两个环境要素用于体现科技工作者关于创新目标的明确性对协同创新活动最终成果的影响；③对团队成员知晓程度，该环境要素用于体现团队内部的交流互动（或知识共享）对创新活动效率的影响；④不同团队是否经常交流，该环境要素用于体现跨团队间的交流与知识共享对协同创新活动效率的影响；⑤所在研究团队在经费使用上的合理程度，该环境要素用于反映组织现行的

经费管理机制对协同创新活动效率的影响；⑥地方政府对产业技术体系发展支持情况，该环境要素用于体现政策性因素对创新活动效率的影响；⑦依托单位性质，该环境要素用于体现依托单位管理制度规范对创新活动绩效的影响。

表2.13和表2.14列出了科研团队第二层级成员投入指标、产出指标和环境要素的赋值说明及统计特征值，可以看出：在创新活动中不同主体的经费、时间、合作交流等投入数以及专著、论文、专利、技术培训、品种推广、资源发掘数等产出数，均呈明显差别，这是由多方面因素带来的，包括有创新主体所处的社会环境、团队管理方式和创新愿景以及不可忽视的随机偶然因素。在影响创新主体协同创新绩效的环境要素中，统计分析表明：创新主体知识层次较高，其中副高级职称占到统计样本的79.70%；绝大多数样本对体系目标认知清晰，认知非常清楚和较清楚的样本比重占到了总数的89.40%，绝大多数样本对岗位任务认知清晰，认知非常清楚和较清楚的样本比重占到了总数的91.40%；创新主体在科技活动中经常参与团队内互动，彼此之间较了解，数据显示，累计87.90%比例的样本表示对团队成员非常了解和较了解，仅不到1%比例的创新主体表示对团队成员不了解；不同科研团队间交流较为频繁，52.90%比例的创新主体表示经常参与跨团队交流；绝大多数样本认为现代农业产业技术体系经费使用上很合理或合理，仅3.10%比例的创新主体表示科技经费使用不合理；64.60%的创新主体表示地方政府对产业技术体系发展提供了支持，这其中仅有9.10%的样本表示地方政府政策扶持对产业技术体系发展作用很大，该统计分析一定程度可以反映出地方政府对产业技术体系支持作用有限；绝大多数创新主体的依托单位为高校或科研院所等事业单位，但依托

单位为企业的创新主体较第一层级的创新主体有较大比例提高，由不到样本总数的 1% 提升至 18.30%。

2. 实证分析过程

（1）第一阶段：传统 DEA 的运用。

该部分采用投入导向型的 VRS 模型来衡量综合试验站科研团队成员的协同创新绩效。式（2.3）中一共涉及 350 个决策单元（DMU），对每个样本而言有 n 个投入、m 个产出数据，对第 k 个决策单元，用列向量 $x_{n,k}$、$y_{m,k}$ 分别代表其投入与产出。

$$\begin{cases} \underset{\theta,\lambda}{\text{Min}}\,\theta^k \\ \text{s.t.}\ \ \theta^k x_{n,k} \geq x_{n,k}\lambda_k \\ y_{m,k}\lambda_k \geq y_{m,k} \\ \lambda_k \geq 0(k=1,2,\cdots,350) \\ \sum_{k=1}^{361}\lambda_k = 1 \end{cases} \quad (2.3)$$

也就是说，$N\times1$ 的投入矩阵 $x_{n,k}$ 和 $M\times1$ 的产出矩阵 Q 代表了 k 个样本所有的数据。λ_k 是第 n 项投入和第 m 项产出的加权系数；θ^k 为第 k 个决策主体的效率值，该值介于 0 到 1 之间，越靠近 1 表示效率越高，$\theta^k=1$ 的样本创新效率在总体中最高。另外，$x\geq0$、$y\geq0$，且 $n=2$、$m=6$。

在第一阶段，基于面向投入的 VRS 模型，文中选用 DEAP 2.1 软件对试验站团队成员样本总体进行测度。DEA 分析结果显示，在综合考虑管理无效率、环境及随机干扰等复合因素时，现代农业产业技术体系科研团队第二层级所涉及的样本技术效率均值为 0.14，纯技术效率均值为 0.81，平均规模效率为 0.17，见表 2.15。这说明在现有的科技创新环境和投入水平上，团队成员在科技创新成果上还有 85.80% 的上升空间，因此着力提升团队成员的技术效率无疑会带来其科技创新成果量和质的提高，而这又能提升现代农业产业体系建设的科技支撑。此外，分析数据还显示影响样本总体技术效率较低的关键因素是规模效率较低，同时纯技术效率相对较高。

表 2.15　第一阶段测度出的创新效率值

效率类型	效率	纯技术效率	规模效率
平均值	0.14	0.81	0.17

表 2.16 列出了第一阶段测度的创新主体技术效率的分布情况，在 350 个创新主体中，技术效率值在 0.6 以下的有 340 位，占到了样本总数的 97.14%，技术效率值在 0.6 以上的仅有 10 位，其比例不到样本总数的 3%。这其中技术效率值居于 0.1 以下和 0.1—0.2 的样本最多，分别占到了样本总数的 52.28% 和 26.86%，此外技术效率值介于 0.2—0.4 的样本也有较大份额，占到了样本总数的 15.43%。

表 2.16　第一阶段测度创新主体的技术效率分布情况

技术效率值	<0.1	0.1—0.2	0.2—0.4	0.4—0.6	0.6—0.8	0.8 以上
样本数	183	94	54	9	3	7
比例（%）	52.28	26.86	15.43	2.57	0.86	2.00

表 2.17 和表 2.18 反映的是创新主体的纯技术效率和规模效率的分布情况，结果显示样本的纯技术效率在 0.7—0.8 上占了较大份额，比例为 58.86%，然而在此区间样本的纯技术效率值在 0.77—0.80 呈紧密分布状态，另外 0.8—0.9 的样本也占到了较大份额，比例为 36.57%，在 0.9 以上的样本比例相对较小，不到 5% 的比例，总体而言样本的纯

技术效率有着不俗表现；另就样本的规模效率来看，情况则不容乐观，高达 96.29% 比例的样本处于 0.6 以下的区间，而规模效率高于 0.8 的样本占比不足 3%。

表 2.17　第一阶段测度创新主体的纯技术效率分布

纯技术效率值	0.7—0.8	0.8—0.9	0.9—1
样本数	206	128	16
比例（%）	58.86	36.57	4.57

表 2.18　第一阶段测度的创新主体的规模效率分布

规模效率值	<0.1	0.1—0.2（不含上限）	0.2—0.4	0.4—0.6	0.6—0.8	0.8 以上
样本数	155	87	81	14	5	8
比例（%）	44.29	24.86	23.14	4	1.43	2.28

（2）第二阶段：随机前沿模型（SFA）回归及分解。

当衡量第一阶段 VRS 模型径向或非径向松弛值，往往会将其归结为内部管理无效，而忽视了外部环境因素和统计噪音对原始投入或产出松弛值的影响。究竟第一阶段测度样本创新的技术效率损失是管理效率损失造成的，还是外部环境因素和统计噪音造成的，为此引入了弗里德（Fried）的实证分析方法。[1] 该方法分析的主要目的之一就是对引起原始投入或产出松弛的内部管理无效、外部环境和统计噪音等因素进行分解。而 SFA 方法，通过做原始投入松弛值同外部环境变量、复合误差项的回归，可以同时捕捉和识别内部管理无效和统计噪声对松弛值的影响效应，此外还能识别出三类因素对松弛变量的作用方向和大小。

当做 SFA 回归时，可以同时考虑将原始投入或产出松弛变量纳入

---

[1]　Fried H.O., Lovell C.A.K., Schmidt S S, Yaisawarng S., "Accounting for Environmental Effects and Statistical Noise in Data Envelopment Analysis", *Journal of Productivity Analysis*, 2002(17).

回归模型中，然而鉴于在第一阶段 DEA 分析中选用的为面向投入的模型，在此选择将投入松弛变量作为回归的因变量。另外说明一点，文中分别做了个投入松弛变量的 SFA 回归，即两个 SFA 回归方程。[①]

第一步，确认二阶段 SFA 回归中因变量，即一阶段 DEA 分析中的投入松弛量（s_{nk}）。$s_{nk} = x_{nk} - \sum_{k=1}^{350} \lambda_k x_{nk} \geq 0, n = 1, 2, k = 1, 2, \cdots, 350$，其中 s_{nk} 是第一阶段 DEA 分析中第 k 个样本的第 n 种投入的松弛量，x_{nk} 是第 k 个样本创新主体的第 n 种要素的实际投入量，而 $\lambda_k x_{nk}$ 对应着 x_{nk} 在相应产出向量 y_k 上的最优映射。

第二步，构建松弛变量与外部环境变量 SFA 模型：

$$s_{nk} = f^n(z_k; \beta^n) + v_{nk} + u_{nk}, n = 1, 2; k = 1, 2, \cdots, 350 \qquad （2.4）$$

式（2.4）中 $f^n(z_k; \beta^n)$ 为确定可行的松弛前沿，是环境变量对投入松弛的影响效应，也可以表示为 $f^n(z_k; \beta^n) = z_k \beta^n$，其中 $z_k = [z_{1k}, z_{2k}, \cdots, z_{pk}], k = 1, 2, \cdots, 350$ 是 p 个可观测的环境变量，向量 β^n 则是需要估计的系数；$v_{nk} + u_{nk}$ 为复合误差项，其中 v_{nk} 表示统计噪声，u_{nk} 表示管理无效，v_{nk} 与 u_{nk} 独立不相关，并假定 $v_{nk} \sim N(0, \sigma_{vn}^2)$、$u_{nk} \sim N^+(\mu^n, \sigma_{un}^2)$。再设 $\gamma = \sigma_{uk}^2 / (\sigma_{uk}^2 + \sigma_{vk}^2)$，当 γ 趋向 1 时，认为管理无效起主要作用；当 γ 趋向 0 时，随机噪声起主要作用。另外，对于 z_k，其对应的每个回归系数采用最大似然估计方法获得，当然 $(\mu^n, \sigma_{un}^2, \sigma_{vn}^2)$ 也是回归模型需要估计的参数。

第三步，利用前述结果对投入变量进行调整。在对投入进行调整之前，为获得每个创新主体的 v_{nk} 必须先在 SFA 回归模型的残差项

---

① 第一阶段 DEA 分析结果显示，经费投入变量不存在松弛，因此构造的 SFA 回归方程实际上只有一个。

中将其从管理无效中剥离开来。这里采用德罗·杰等（Jondrow, J., et al.）的方法对式（2.4）的复合误差项进行了分离，通过管理无效的条件估计结果 $\hat{E}[u_{nk}/v_{nk}+u_{nk}]$ 和前述 $(\hat{\beta}^n, \hat{u}^n, \hat{\sigma}^2_{vk}, \hat{\sigma}^2_{uk})$ 等参数，构造的统计噪声估计为：$\hat{E}[v_{nk}/v_{nk}+u_{nk}]=s_{nk}-z_k\hat{\beta}^n-\hat{E}[u_{nk}/v_{nk}+u_{nk}]$。[①]另外，为使得所有的决策单元处于同质的经营环境或运气，通常做法是将那些经营环境相对有利或运气相对较好的决策单元的投入量向上调整，以便将所有决策单元的经营环境或运气调整至同质状态。对照第二阶段的 SFA 回归结果，将调整后的投入量界定为：$x^A_{nk}=x_{nk}+[\max_k\{z_k\hat{\beta}^n\}-z_k\hat{\beta}^n]+[\max_k\{\hat{v}_{nk}\}-\hat{v}_{nk}]$, $n=1,2;k=1,2,\cdots,350$。其中，等式中的 x^A_{nk} 和 x_{nk} 分别表示调整后投入量和观测投入量，$\hat{\beta}^n$，$\hat{v}_{nk}$ 解释同上；等式右边的 $\max_k\{z_k\hat{\beta}^n\}-z_k\hat{\beta}^n$ 表示将所有决策单元的运营环境均调整为所有样本中显示的最差环境；等式右边的 $\max_k\{\hat{v}_{nk}\}-\hat{v}_{nk}$ 则表示将所有决策单元的运气调整为样本总体中显示的最差运气（随机误差）。

　　第四步，SFA 回归分析过程。将第一阶段 DEA 分析中得到的投入松弛量作为被因变量，将决策单元的职称、对体系目标认知的清晰程度、对岗位任务的认知程度、对团队成员知晓程度、不同团队是否经常交流、体系在经费使用上的合理程度、地方政府对产业技术体系发展支持情况、依托单位性质作为自变量来构造 SFA 回归模型。模型估计结果表明：投入要素的松弛方程中的 γ 值接近于 1，且在 1% 的水平上显著，这一方面可认定科研团队成员在科技创新活动中的确存在管理效率上的差异，因此 SFA 回归模型的使用有其合理性；另一方面方

---

　　① Jondrow, J., C.A.K. Lovell, I.Materov, and P. Schmidt, "On the Estimation of Technical Inefficiency in the Stochastic Frontier Production Function Model", *Journal of Econometrics*, 1982 (2/3).

程估计结果也并不能完全表明样本间创新绩效的差异完全来自管理无效，而与外部环境因素和统计噪声无关。

表 2.19　SFA 回归估计结果

变量	常数项	职称 +	体系目标认知的清晰程度 +	对岗位任务认知程度 +	对团队成员知晓程度 +	不同团队是否经常交流 +	体系在经费使用上的合理程度 +	地方政府对产业技术体系发展支持情况 -	依托单位性质 -
松弛	0.6730***	0.0091	−0.0111	−0.0101	−0.0118	−0.1132***	−0.0596*	−0.0323	−0.0904**
t 值	3.2602	0.3320	−0.2036	−0.2049	−0.3794	−2.1854	−1.3071	−0.7269	−1.7466

注：*、**、*** 分别表示在 10%、5%、1% 的水平上显著，括号内为 SFA 回归系数相对应的 t 统计值；σ^2=0.7990（1% 的水平上显著），γ=0.9997（1% 的水平上显著）；对数似然函数 = −243.34。

表 2.19 中时间投入松弛量为因变量的回归方程中，其自变量符号给予的现实含义为：当各环境变量前的回归系数为正时，表示该环境变量所赋值增加的同时将引起相应投入松弛量的增加，即更趋向于投入的浪费或者产出的低效；当各环境变量前的回归系数为负时，表示该环境变量所赋值增加的同时将引起相应投入松弛量的减少，即更趋向于抑制投入的浪费或者提高产出效率。此外需要说明的是，当环境变量回归系数对应的 t 值未通过显著性检验时，仍认为环境变量对各投入松弛量存在方向上的影响。结合上文各环境变量赋值情况和实证分析结果，试做下述讨论：①职称。创新主体职称的提高，明显能够减少时间和合作交流投入松弛量，但鉴于时间投入松弛同创新主体职称的回归系数的 t 值统计上不具有显著性，由此认定创新主体职称对时间投入松弛仅存在方向上的影响。可能的原因在于：较高的职称，对应

着相对较多的资源拥有量和相对较高的组织协调能力，此种情况下的创新主体更易获得较好的创新业绩。②体系目标和岗位认知的清晰程度。实证结果显示，创新主体对体系目标和岗位任务认知程度的提高，增加了其在时间投入上的浪费。可能的原因在于：随着创新主体对体系目标和团队任务认知程度越来越清晰，能促使其合理配置资源投入，提高管理效益，但这可能是建立在创新主体花费较多时间及精力的基础上的，为此存在时间投入浪费较多的可能性。但方程中上述两个变量系数对应的 t 值检验均不显著，仅存在方向上的影响。③对团队成员知晓程度。回归方程显示，对团队成员知晓程度的提高增加了创新主体在时间上的浪费。然而，上述方程中相应回归系数均未通过 t 值显著性检验，为此认定上述影响仅具有方向性意义。此外，不同团队经常交流明显不利于创新主体在时间投入上的松弛量，可能的原因在于：跨团队间的交流由于研究领域衔接难度大、涉及的环节较多，往往需要更多的时间保障，相应浪费更多。④体系在经费使用上的合理程度。表 2.19 中的分析结果显示，体系在经费使用上的合理程度对创新主体在时间投入上的松弛未能有效改善，相应的 t 统计值通过了 10% 的显著性检验，这说明当前体系各团队管理制度还存在诸多不完善的方面，还有大量工作要抓、很多任务要做。⑤地方政府对产业技术体系发展支持情况。模型估计结果表明，地方政府对产业体系发展的支持力度越大，有利于降低创新主体在时间投入上的浪费，但相应回归系数并不具有统计学上的意义。⑥依托单位性质。实证分析结果表明，依托单位性质对创新主体的绩效存在显著影响，表现在依托单位为企业性质的创新主体相对于依托单位为高校或科研单位的创新主体其在时间投入松弛量上有明显减少，自变量回归系数 t 统计值更是通过了 5% 水平的显著性检验。可能的原因在于：在市场经济条件下，依托单位为企业性质的创新主体其创新活动更倾向在市场基本规律下开展，其创新活力更强、团队管理机制更完善，最终促使该类总体的科技资源配置更趋合理，协同创新成效更为明显。

（3）第三阶段：DEA分析过程。

为使得所有决策单元均面临同质的创新环境或运气，有必要调整创新主体在初始条件下的要素投入量，以利于剥离出环境变量对决策单元创新效率的影响。根据前文分析，该处利用 $X_{nk}^A = X_{nk} + [\max_k\{Z_k\hat{\beta}^n\} - Z_k\hat{\beta}^n] + [\max_k\{\hat{V}_{nk}\} - \hat{V}_{nk}]$ 这一等式对各创新投入要素进行调整，而后将调整后的投入与原先的6项产出值再次带到传统DEA的VRS模型中进行分析，最终获得各决策主体在第三阶段的技术效率和规模报酬情况，分析结果见表2.20。

表2.20　第三阶段测度的创新技术效率

效率类型	总体效率		
	效率	纯技术效率	规模效率
平均值	0.14	0.81	0.17

为了比较第三阶段剥离环境因素后得出的技术效率值与第一阶段DEA所得出的技术效率值是否存在显著差异，在两阶段效率值总体分布未知或无法确定的情况下，不适宜采用 t 检验或 F 检验等参数检验方法，因此文中同时采用了配对符号秩和检验（Wilcoxon）和符号检验（Sign Test）两种非参数方法对上述两个相关样本资料进行检验。SPSS 16.0运行的检验结果显示，见表2.21，Wilcoxon检验中的 Z = −5.14，双侧 P = 0，可认为两阶段效率值有显著差别；Sign Test 结果中的双侧 P = 0，也证实两阶段效率值有明显差异，综合上述分析，认定第一阶

段 DEA 分析的效率值与第三阶段 DEA 分析的效率值存在明显差别。

表 2.21　相关技术效率值的非参数检验

检验方法	配对符号秩和检验（Wilcoxon）	符号检验（Sign Test）
Z 值	−5.14	−6.28
双尾 P 值	0	0

　　表 2.15 和表 2.20 对比显示：从总体上来看，剥离环境变量和随机噪声的干扰后，样本主体平均创新技术效率保持 0.14 不变，然平均纯技术效率由 0.8080 小幅上升至 0.8100，平均规模效率则由 0.1700 小幅降至 0.1690。为此，通过对要素投入量调整后发现，真实平均创新技术效率比未剥离环境效应和随机噪声时稍低，且调整前后样本创新的技术效率结构呈现一定差异，更重要的是，明确了引起决策主体技术效率较低的关键因素是样本的规模效率较低，而非管理上的无效。对比表 2.16 和表 2.22 进一步发现，第三阶段样本的技术效率在 0.1 以下的比例为 52%，较第一阶段的 52.29% 下降了约 0.3 个百分点；在 0.1—0.4 的比例为 42.57%，较第一阶段的 42.29% 略有提高；0.4—0.8 的比例为 3.43% 与第一阶段持平；另外，在 0.8 以上的区间上，第三阶段与第一阶段也是持平的。

表 2.22　第三阶段测度的创新主体的技术效率分布

技术效率值	<0.1	0.1—0.2	0.2—0.4	0.4—0.6	0.6—0.8	0.8 以上
样本数	182	96	53	9	3	7
比例（%）	52	27.43	15.14	2.57	0.86	2

　　另外，对比表 2.17 和表 2.23，平均纯技术效率于第三阶段在 0.8 以上区间的样本比例明显增加，由第一阶段 41.14% 上升至 47.14%，其中

0.8—0.9 的样本数增长尤其明显，由一阶段的 128 个增加到第三阶段的 147 个；同时第三阶段在 0.7—0.8 的样本较第一阶段也明显下降，由第一阶段的 206 个降至第三阶段的 185 个。

表2.23　第三阶段测度创新主体的纯技术效率分布

纯技术效率值	0.7—0.8	0.8—0.9	0.9—1
样本数	185	147	18
比例（%）	52.86	42	5.14

当对比表 2.18 和表 2.24 时，规模效率在第三阶段位于 0.4 以下的比例高达 92.86%，与初始阶段的 92.29% 基本持平；另外，第一阶段和第三阶段在 0.6 以上的样本数一致，所占比例均为 3.72%；在 0.4—0.6 第三阶段的规模效率也略有降低，由初始阶段的 4% 降至第三阶段的 3.43%。

表2.24　第三阶段测度的创新主体规模效率分布

规模效率值	<0.1	0.1—0.2 （不含上限）	0.2—0.4	0.4—0.6	0.6—0.8	0.8 以上
样本数	155	88	82	12	5	8
比例（%）	44.29	25.14	23.43	3.43	1.43	2.29

注：因四舍五入各比例数相加可能出现总数为 100.01% 的情况。

（四）不同现代农业产业技术体系团队成员创新绩效比较分析

本章上述内容依据现代农业产业技术体系组织结构框架，从研发中心和综合试验站两个层级就体系协同创新绩效进行了测度，已基本对现代农业产业技术体系协同创新绩效有了一定认识，然而由于不同农产品的产业技术体系在成员构成、要素投入与组织管理方式之间存在诸多差异，因此进一步对不同子产业技术体系的协同创新绩效进行比较将加深对整个现代农业产业技术体系协同创新情况的认识。该部分所选用的方法是 DEA 模型，投入产出指标选用与上几节基本相同，所采用的数据仍为涉及 33 类农产品产业体系的相关人员 2359 人的统计资料。

在具体的实证分析过程中按照生产对象的不同将以上 33 类农产品技术体系分为种植业、林业、养殖业和渔业四大类（见表 2.25），并分别就四类现代农业产业技术体系协同创新绩效进行测度并加以比较分析。以下内容给出了具体的实证研究结果。

表 2.25　四大类农产品产业技术体系统计资料分布

现代农业产业技术体系类别	包含农产品体系数	子体系具体内容	实证分析涉及样本数
种植业	19	A1、A4、A10、A12、A16、A17、A18、A19、A20、A14、A15、A8、A22、A24、A25、A26、A30、A31、A32	408
林业	5	A2、A5、A9、A21、A28	111
畜禽养殖业	6	A3、A6、A7、A13、A27、A33	188
渔业	3	A11、A23、A29	4
总计（份）	33		711

注：统计资料中未涉及 A28 产业技术体系的第一二层级的专家，另外鉴于渔业涉及的样本量较少，所以具体分析中将渔业养殖业产业体系与畜禽养殖业产业体系合并为养殖业产业体系。

基于面向投入的 VRS 模型，文中选用 DEAP 2.1 软件对种植业、林果业和养殖业产业技术体系协同创新绩效分别进行测度。DEA 分析结果显示，见表 2.26，在综合考虑管理无效率、环境及随机干扰等复合因素时，种植业产业技术体系所涉及的样本其技术效率均值为 0.21，该值明显低于养殖业产业技术体系样本的技术效率均值（0.40），和林果业产业体系样本技术效率值（0.36）也存在较大差距。总体上看，各类产业技术体系纯技术效率值均表现尚可，依次是林果业技术体系 0.83，养殖业技术体系 0.80，种植业技术体系 0.69，但各类产业技术体系规模效率值均有较大提升空间，其中养殖业产业体系规模效率值有 50% 的上升空间，林果业产业体系规模效率值有 59% 上升空间，种植业产业体系规模效率值有 71% 上升空间。因此，现代农业产业技术体系运行下各产业技术协同绩效差异较大，养殖业产业技术体系协同创新绩效较好；另外，各产业技术体系技术效率均有较大提升空间，且规模效率不高是制约技术效率提高的关键因素。

表 2.26　不同体系效率比较

效率值（平均值）	技术效率 TE	纯技术效率 PE	规模效率 SE
种植业产业技术体系	0.21	0.69	0.29
养殖业产业技术体系	0.40	0.80	0.50
林果业产业技术体系	0.36	0.83	0.41

表 2.27 和图 2.1 列出了不同类产业技术体系的技术效率分布状况，其中种植业产业体系决策主体技术效率值在 0.2 以下的有 246 个，占到了该体系样本总数的 60.30%，而技术效率值在该区间的养殖业产业体系和林果业产业体系样本数分别为 52 个和 38 个，仅占到各自产业技术体系样本总数的 27.09% 和 34.24%，另外养殖业产业技术体系和林果业产业技术体系技术效率值在 0.2—0.6 和 0.6 及以上区间分布比例也明显大于种植业产业体系技术效率值在这两个区间的分布比例。总体而言，养殖业产业技术体系与林果业产业技术体系技术效率值较种植业

产业体系分布均衡，且养殖业产业技术体系和林果业产业技术体系技术效率值在各自区间的分布上差异并不明显。

表 2.27　不同体系技术效率分布

种植业产业技术体系	效率值	<0.1	0.1—0.2	0.2—0.4	0.4—0.6	0.6—0.8	0.8 以上
	样本数	141	105	107	29	12	14
	比例（%）	34.56	25.74	26.23	7.11	2.94	3.43
养殖业产业技术体系	效率值	<0.1	0.1—0.2	0.2—0.4	0.4—0.6	0.6—0.8	0.8 以上
	样本数	32	20	56	36	16	32
	比例（%）	16.67	10.42	29.17	18.75	8.33	16.67
林果业产业技术体系	效率值	<0.1	0.1—0.2	0.2—0.4	0.4—0.6	0.6—0.8	0.8 以上
	样本数	29	9	32	19	5	17
	比例（%）	26.13	8.11	28.83	17.12	4.50	15.32

注：因四舍五入致使总和出现 100.01% 的情况。

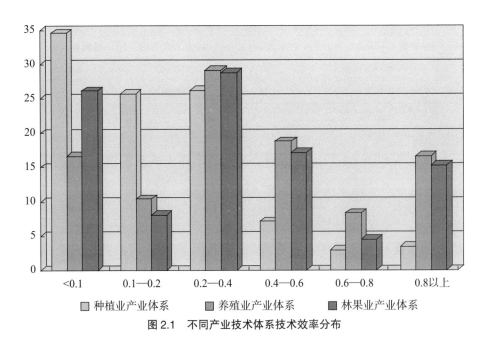

图 2.1　不同产业技术体系技术效率分布

另外，从各产业技术体系样本主体的纯技术效率分布上看，见表

2.28 与图 2.2，种植业产业技术体系纯技术效率值在 0.5 及以下区间上样本分布占 27.21% 的比例，而同区间段上养殖业产业技术体系和林果业产业技术体系纯技术效率值样本分布均为 0，在 0.5—0.7 区间段上种植业产业技术体系纯技术效率值的样本分布比例 13.24% 也明显低于养殖业产业体系和林果业产业技术体系纯技术效率值样本分布比例 41.66% 和 32.43%，同时 0.8 以上区间段上种植业产业技术体系纯技术效率值的样本分布比例 37.75% 也明显低于养殖业产业体系和林果业产业体系纯技术效率值样本分布比例 54.69% 和 62.16%，因此总体上看，养殖业产业技术体系和林果业产业技术体系纯技术效率值分布更为集中，在高效率值区间段上表现得尤其明显，同时种植业产业技术体系样本则在较低效率值区间段上分布了较大比例。

表 2.28　不同体系纯技术效率分布

种植业产业技术体系	效率值	<0.4	0.4—0.5	0.5—0.6	0.6—0.7	0.7—0.8	0.8 以上
	样本数	0	111	37	17	89	154
	比例（%）	0	27.21	9.07	4.17	21.81	37.75
养殖业产业技术体系	效率值	<0.5	0.5—0.6	0.6—0.7	0.7—0.8	0.8 以上	
	样本数	0	40	40	7	105	
	比例（%）	0	20.83	20.83	3.65	54.69	
林果业产业技术体系	效率值	<0.5	0.5—0.6	0.6—0.7	0.7—0.8	0.8 以上	
	样本数	0	16	20	6	69	
	比例（%）	0	14.41	18.02	5.41	62.16	

注：因存在无限循环小数，四舍五入后总和可能为 99.9% 或 100.01%。

表 2.29 与图 2.3 反映的是不同产业技术体系评价单元的规模效率分布情况，结果显示，种植业产业技术体系样本的规模效率在 0.2 以下区间上份额，比例为 44.61%，而同区间段上养殖业产业技术体系和林果

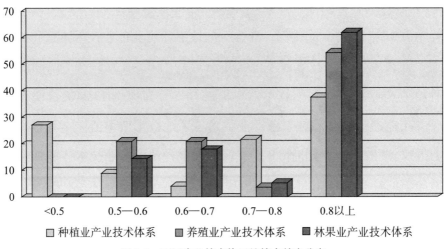

图 2.2　不同产业技术体系纯技术效率分布

业产业技术体系样本所占比例较低，分别为20.32%和32.43%，在0.2—
0.6 种植业产业技术体系样本规模效率分布比例同养殖业产业技术体系
和林果业产业技术体系较为一致，三个产业体系该区间上比例分别为
44.36%、42.19% 和40.54%，但在0.8 以上区间段上，养殖业产业技术
体系和林果业产业技术体系样本规模效率分布情况则要优于种植业产
业技术体系，比例分别是25%、17.12% 和4.66%。

表 2.29　不同产业技术体系规模效率分布

种植业产业技术体系	技术效率值	<0.1	0.1—0.2	0.2—0.4	0.4—0.6	0.6—0.8	0.8 以上
	样本数	102	80	114	67	26	19
	比例（%）	25	19.61	27.94	16.42	6.37	4.66
养殖业产业技术体系	技术效率值	<0.1	0.1—0.2	0.2—0.4	0.4—0.6	0.6—0.8	0.8 以上
	样本数	31	8	44	37	24	48
	比例（%）	16.15	4.17	22.92	19.27	12.50	25

林果业产业技术体系	技术效率值	<0.1	0.1—0.2	0.2—0.4	0.4—0.6	0.6—0.8	0.8以上
	样本数	27	9	22	23	11	19
	比例（%）	24.32	8.11	19.82	20.72	9.91	17.12

注：因四舍五入比例合计数可能为100.01%。

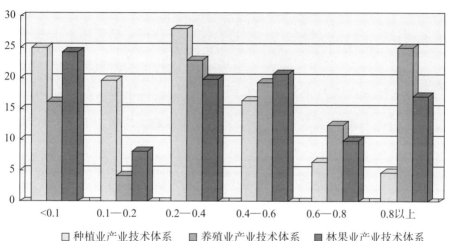

图2.3　不同产业技术体系规模效率分布

因此，综合前述内容得知：养殖业产业技术体系、林果业产业技术体系和种植业产业技术体系样本技术效率值均有较大提升空间，但养殖业产业技术体系和林果业产业技术体系样本技术效率值要明显高于种植业产业技术体系，上述三种产业技术体系的规模效率不高是致使各自绩效不高的主要原因，但从养殖业产业技术体系、林果业产业技术体系和种植业产业技术体系样本的技术效率、纯技术效率和规模效率分布情况上看，养殖业产业技术体系、林果业产业技术体系样本在高效率值区间段上的分布情况无疑要优于种植业产业技术体系，养殖业与林果业产业技术体系样本的效率分布较为接近。

二、现代农业产业技术体系农业科研团队协同创新绩效影响因素分析——以现代农业产业技术体系研发中心团队为例

本章前述内容主要利用三阶段 DEA 模型就现代农业产业技术体系产业技术研发中心和综合试验站两个层次的科研团队创新绩效进行了较为客观的测度，这是衡量现代农业产业技术体系协同创新绩效高低的重要方面。另外值得一提的是，在三阶段 DEA 运用中的具体实证环节上就影响团队创新绩效的因素进行了初步分析，然而这个步骤仅仅是为了剔除环境变量对绩效测度的影响，因此上述因素给予现代农业产业技术体系产业技术研发中心和综合试验站两个层次的科研团队创新绩效的影响程度为多大、影响方向如何都无法判断，下文就将在前文绩效测度基础之上以现代农业产业技术体系研发中心团队为例，就影响现代农业产业技术体系研发中心团队绩效水平的因素开展进一步研究。

（一）科研团队创新绩效影响因素的文献梳理

当前对团队绩效影响因素构成的划分国内外已取得了较为一致的意见，其中麦格拉思（Mcgrath）的研究受到的关注较多，该项研究认为团队成员个人因素、团队结构因素、团队环境因素、团队过程因素、团队任务因素五项内容是影响团队绩效的关键因素，这一划分标准得到了后续研究者的广泛借鉴。[1] 如"大五"人格理论的提出表明团队成员的个人因素对团队绩效的影响。论及团队结构因素，森奇（Senge）学习型组织理论的提出，以及瓦特金（Watjins）和李明斐等的后续研究，均表明建设学习型组织推动组织学习以提高学习能力，从而能获

---

[1]　Mcgrath J. E., *Social Psychology: A Brief Introduction*, New York: Holt Press, 1964.

得绩效层面的收益。[1] 此外，陶然等的研究还证实组织认知对创新绩效的积极作用，并就认知过程、认知结构和认知模式共同促进创新绩效的机理进行了阐述。[2] 国内学者陈春花则认为团队结构因素并非科研团队知识创新绩效的主要影响因素。[3] 关于团队环境的研究中，坎皮恩（Campion）构建的团队有效性模型中则将团队环境概括为培训、管理层的支持和团队沟通合作三个方面内容。[4] 而国内学者戴勇在其提出的科研团队有效性及影响因素关系假设模型中将环境归结为硬件环境和软环境。[5] 至于团队过程因素，哈克曼（Hackman）的研究发现团队的内部过程是影响因素与团队绩效间的一个中介变量，该过程可以用团队成员间的互动来衡量，而互动是团队成果的关键影响变量，而在团队任务因素对团队绩效的影响上，斯图尔特（Stewart）和戴勇均进行了分析。[6] 其中斯图尔特（Stewart）认为任务因素是团队过程与绩效间起调节作用的一个变量，而戴勇实证结果明确了任务特征与团队有效性的负向关

---

[1]　Senge P., *The Fifth Discipline the Art and Practice of the Learning Organization*, New York:Bantam Doubleday Deli,1990. Watjins K.E.,Marsick V.J., "Demonstrating the Value of an Organization's Learning Culture: The Dimensions of the Learning Organization Questionnaire", *Advances in Developing Human Resources*, 2003(2). 李明斐、李丹、卢小君：《学习型组织对企业绩效的影响研究》，《管理学报》2007 年第 4 期。

[2]　陶然、彭正龙、季光辉：《基于结构方程模型的组织认知影响创新绩效实证研究》，《情报杂志》2009 年第 8 期。

[3]　陈春花、杨映：《科研团队领导的行为基础、行为模式及行为过程研究》，《软科学》2002年第 4 期。

[4]　Campion M.A.,Medsker G.J.,Higgs A.C., "Relations between Work Group Characteristics and Effectiveness:Implications for Designing Effective Work Groups", *Personnel Psychology*, 1993(4). Campion M.A.,Papper E.M.,Medsker G.J., "Relations between Work Group Characteristics and Effectiveness: A Replication and Extension", *Personnel Psychology*, 1996(2).

[5]　戴勇、范明：《科研团队有效性与主要影响因素关系研究》，《中国科技论坛》2009 年第 10 期。

[6]　Hackman J.R., *A Normative Model of Work Team Effectiveness*, New Haven:Yale University Press, 1983.

系。[①] 此外，团队愿景也是不少学者在探究团队创新绩效影响因素中较为关注的内容。[②]

在科研团队创新绩效测度上国外学者较为活跃，在方法选用上主要采用量表设计、专家打分、模糊评价、主成分分析、灰色系统的方法，数据来源上多为依据分量表设计的问卷，而采用科研团队成员项目实施期内的投入产出数据进行创新绩效测度的文献还较少报道，此外农业科研团队较企业或其他科研团队在人员构成、运行管理、成果评价上有着较大区别，对其创新绩效及影响因素开展研究有一定现实意义。本小节余下内容采用 DEA 方法就该现代农业产业技术体系研发中心这一农业科研团队创新投入产出进行测度较为客观，此外，在借鉴创新绩效影响因素相关研究的基础上，利用 Tobit 模型就该研发中心团队成员创新绩效的科研生态环境变量的相关因子进行了实证检验，目的在于探究提升团队创新有效性的政策路径。在广泛借鉴基础上，基于该项研究目的在文中构建的农业科研团队创新绩效影响因素作用模型，见图 2.4。

①　Stewart G.L,Barrick M. R., "Team Structure and Performance: Assessing the Mediating Role of Intrateam Process and the Moderating Role of Task Type", *Academy of Management Journal*, 2000(2).戴勇、范明:《科研团队有效性与主要影响因素关系研究》,《中国科技论坛》2009 年第 10 期。

②　蒋日富、霍国庆、谭红军、郭传杰:《科研团队知识创新绩效影响要素研究——基于我国国立科研机构的调查分析》,《科学学研究》2007 年第 2 期。李明斐、李丹、卢小君:《学习型组织对企业绩效的影响研究》,《管理学报》2007 年第 4 期。马君:《权变激励与有效绩效评价系统设计研究》,《科研管理》2009 年第 2 期。Carmen C.o,Maria De La Luz F.A, Salustiano M.F, "Infulence of Top Management Team Vision and Work Team Charhcteristics on Innovation: The Spanish Case", *European Journal of Innovation Managmenx*, 2006(2).

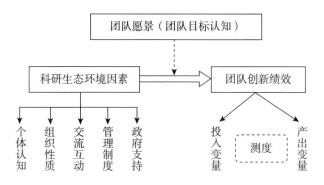

图 2.4　科研团队创新绩效影响因素作用机制

（二）数据说明及方法介绍

1. 数据来源及指标选取说明

为全面掌握该农业科研服务体系协同创新现状，依托现代农业产业技术体系重大专项平台，根据不同农产品及地区特征，对体系协同创新过程中的各岗位类型专家和依托单位的相关负责人或管理人员等相关利益主体，进行了访问、座谈和小型会议交流或开展实际调研，最终汇总为一套统计资料。该资料涵盖了 33 类子产品产业技术体系的相关人员 2359 人，其中 B 系列岗位专家 21 名，占全部统计资料样本总体的 42.00% 和 0.89%；A 系列岗位专家 340 名，占样本总体的14.41%；C 系列岗位专家 350 人，占样本总体的 14.84%；体系团队成员 1555 人，所占比重为 65.92%；依托单位管理人员 36 人，所占比重为 1.53%；体系外科技人员 41 人，所占比重为 1.74%；其他人员 16 人，所占比重为 0.67%。该资料包括的内容有：被调查人员的基本特征、对体系总体评价、团队创新目标与体系日常运行、经费管理、考核评价、体系与其他方面的联系、团队创新成果及被调查人员就完善产业协同创新的建议。基于该节的研究目的，选取了该体系研发中心 A、B 系列专家样本数据用于实证分析。

2. 投入产出变量

为满足 DEA 方法的应用条件，文中选择具有同质性的科研团队成员作为评价对象。另外，假设所有样本面临同质的创新环境或运气。在满足所选绩效决策单元同质性要求基础上，科研团队成员协同创新绩效测度的投入产出指标一般应选择与团队成员创新密切相关的指标，另外，指标设定及赋值上还得满足下列条件：一是所有决策单元使用相同的投入、产出要素，且每个指标均为正值；二是涉及的指标应能说明科研团队成员创新的核心过程；三是不同投入、产出指标的量纲可以不一致。基于课题组的调研资料，采用的科研团队协同创新绩效的投入产出指标见表 2.30。

表 2.30　科研团队协同创新绩效投入产出要素

指标分类指标	投入指标			产出指标					
	经费支出	工作时间	合作交流	出版专著	发表论文	申报专利	培训基层技术人员	推广品种	发掘资源
量纲	万元	日	次	部	篇	项	人次	个	份

注：工作时间，每日工作时间以 8 小时计，一年计 360 个工作日。

表 2.30 表明，研究中投入指标选择了年经费支出（万元）、年工作时间（工作日）、年合作与交流（次）三项指标，其中经费支出和工作时间，表示科研团队在创新活动中的物力资源和人力资源、信息资源等要素的投入。产出指标构成中则包括了科研团队成员出版专著（部）、发表论文（篇）、申报专利（项）、培训基层技术人员（人次）、推广品种（个）、发掘资源（份）等指标，其中出版专著、发表论文、申报专

利等产出是科技创新成果用于产业化的原始形式，最终将体现为创新产出的社会经济效益，是评价科研团队创新绩效的重要衡量指标；培训基层技术人员、推广品种是科研团队成员创新成果的重要构成，表明科研团队成员创新活动产生的社会效益；发掘资源份数指标则在一定程度上表明了科研团队在创新中产生的生态效益。

3.科研生态环境与团队愿景等影响因素的描述性分析

研究中生态环境变量选择那些影响科研团队成员创新绩效但在短期内无法控制或改变的要素，一般而言，既包括有团队成员年龄、职称、专业构成、依托单位性质、团队规模等内部因素，还包括有国家经济状况、宏观政策和气候水土资源外部条件因素，另外，团队愿景在本研究中则利用被调查对象对体系目标认知的清晰程度来反映。

在综合考虑现代农业产业技术体系科研团队组成特征基础上，文中选取以下解释变量：（1）对体系目标认知的清晰程度，该要素用于表示其团队愿景明确性对协同创新活动成果的影响；（2）团队成员的职称，该要素用于表示样本知识结构与能力素质对协同创新绩效的影响；（3）对团队成员知晓程度，该要素用于表示团队内部互动与信息共享对协同创新绩效的影响；（4）不同团队是否经常交流，该要素用于表示跨团队间信息交流与沟通对协同创新绩效的影响；（5）体系在经费使用上的合理程度，该要素用于表示组织现行经费管理制度对协同创新绩效的影响；（6）地方政府对产业技术体系发展支持情况，该要素用于表示政策性因素对协同创新绩效的影响；（7）依托单位性质，该要素用于表示依托单位运行规范对协同创新绩效的影响。

表 2.31　解释变量的统计分析

解释变量	赋值说明	平均值	标准差	最小值	最大值
体系目标认知的清晰程度	1= 非常清楚，2= 较清楚，3= 清楚，4= 不清楚	1.32	0.74	1	3
职称	1= 教授（研究员），2= 副教授（副研究员），3= 讲师（助研），4= 其他	1.07	0.26	1	2
对团队成员知晓程度	1= 非常了解，2= 较了解，3= 了解，4= 不了解	1.52	0.76	1	4
不同团队是否经常交流	1= 是，2= 否	1.38	0.49	1	2
体系在经费使用上的合理程度	1= 很合理，2= 合理，3= 不合理	1.88	0.49	1	3
地方政府对体系发展支持情况	1= 没有，2= 有，但不大，3= 有，非常大	1.69	0.64	1	3
依托单位性质	1= 科研单位或高校，2= 其他（如企业）	1	0.05	1	2

表 2.30 和表 2.31 列出了科研团队成员投入、产出指标和环境要素的赋值说明及统计值，可以看出：在协同创新活动中不同主体的经费、时间、合作交流等投入量以及专著、论文、专利、技术培训、品种推广、资源发掘数等产出量，均呈较大差异，这受到了多方面的影响，包括有创新主体面临的社会环境、组织管理方式和团队愿景及不可忽视的随机因素。在影响团队成员协同创新绩效的环境要素中，数据统计分析表明：样本的知识层次较高，均拥有高级职称，其中正高级职称占到样本总数的 92.80%；绝大多数样本对体系目标认知清晰，回答"清楚"和"较清楚"的样本占到总数的 97%；创新主体在科技活动中经常参与内部互动，相互间较了解，数据显示，有累计 89.20% 比例的

样本对团队其他成员"非常了解"和"较了解",仅不到 3% 比例的样本表示其对团队其他成员"不了解";跨科研团队间交流频繁,62.30%比例的样本表示经常参与跨团队交流;绝大多数样本表示团队在经费使用上"很合理"或"合理",仅 7% 比例的样本认为项目经费使用"不合理";59.60% 的样本认为地方政府对产业技术体系发展给予了支持,这其中仅有 9.70% 的样本认为地方政府政策扶持对产业技术体系促进作用很大,该事实一定程度反映出地方政府对产业技术体系支持较有限;绝大多数样本的依托单位为高校或科研院所等事业单位,还仅有 3个样本的依托单位是企业,比例不到 1%。

（三）研究方法

在 DEA 模型中,当所有决策单元都以最优规模进行创新活动时,假定规模报酬不变（CRS）是可取的,但科技创新主体在不完全竞争市场、政府法令和财政束缚下往往达不到最优规模。为此诸多学者,如阿弗里亚（Afriat）,法尔、格罗斯科普夫和罗根（Fare, Grosskopf and Logan）, 还有班克、查恩斯和库珀（Banker, Charnes and Cooper）均提出对 CRS 的 DEA 模型进行完善以解决决策单元面临规模报酬可变（VRS）时的情况,这便促成了 VRS 的广泛使用。[①] 由于使用 VRS 条件要宽松,其可不受规模效率的影响而测度出技术效率,为此本节采用的是规模报酬可变的（VRS）模型对科研团队成员的创新效率进行测度。在众多研究中,学者们倾向于选择面向投入的模型,因为决策单元往

---

① Afriat,Sidney N., "Efficiency Estimation of Production Functions", *International Economic Review*, 1972(3). Rolf Fare, Shawna Grosskopf, James Logan, "The Relative Efficiency of IIIinois Electric Utilities", *Resource and Energy*, 1983(4).Banker R.D.,A.Charnes, and W.W.Cooper, "Some Models for Estimating Technical and Scale Inefficiencies in Data Envelopment Analysis", *Management Science*, 1984(9).

往需要达到特定的产出量。此外，投入量作为创新主体的决策变量较易受控制，本节实证研究中即采用该方法。

$$\begin{cases} \underset{\theta,\lambda}{\text{Min}}\ \theta^k \\ \text{s.t.}\ \theta^k x_{n,k} \geqslant x_{n,k}\lambda_k \\ y_{m,k}\lambda_k \geqslant y_{m,k} \\ \lambda_k \geqslant 0 (k=1,2,\cdots,361) \\ \sum_{k=1}^{361} \lambda_k = 1 \end{cases} \quad (2.5)$$

式（2.5）中一共涉及 361 个决策单元（DMU），对每个决策单元而言有 n 个投入、m 个产出，对第 k 个决策单元，用列向量 $x_{n,k}$、$y_{m,k}$ 分别代表其投入与产出。换句话说，$N \times 1$ 的投入矩阵 $x_{n,k}$ 和 $M \times 1$ 的产出矩阵 Q 就代表了 k 个样本所有的投入产出数据。λ_k 表示第 n 项投入和第 m 项产出的加权系数；θ^k 表示第 k 个决策单元的相对效率值在 [0,1] 区间上，越接近于 1 表示效率越高，如 θ^k=1 的样本其创新效率即在总体中时最高的。此外，$x \geqslant 0$、$y \geqslant 0$，且 n=3、m=6。

为了进一步探究科研团队创新绩效的影响因素及影响程度，在运用 DEA 分析相对效率的基础上衍生出一种两阶段法（Coelli）。[①] 该方法第一步先利用 DEA 模型评估出决策单元的效率值，第二步做效率值对各种环境因素的回归分析，并由自变量的系数判断环境因素对效率值的作用方向及程度。然而，由于 DEA 方法得出的效率指数被限制在 0 和 1 之间，若用普通最小二乘法对模型直接回归，参数估计值会产生偏向于 0 的情形，格林（Greene） 的研究已就此进行了详细论证，为

---

① Coelli, T.J., Rao, D.S.P., O'Donnell, C.J., Battese, G.E., *An Introduction to Efficiency and Productivity Analysis* (2nd Edition), CO: Springer Press, 2005.

此文中采用了因变量受限制的 Tobit 回归模型。[1] 标准的论证模型如下：

$$Y_i^* = \beta X_i + \varepsilon_i$$
$$Y_i = Y_i^*, \quad 如果 Y_i^* > 0$$
$$Y_i = 0, \quad\ \ 如果 Y_i^* \leqslant 0$$

（2.6）

式（2.6）中 Y_i^* 为因变量向量，Y_i 为效率值向量，X_i 为自变量向量，β 为相关系数向量，且 $\varepsilon_i \sim N(0,\delta^2)$，$y_i^* \sim N(0,\delta^2)$。

（四）实证分析过程

1. 基于 DEA 的创新效率测度

基于面向投入的 VRS 模型，文中利用 DEAP 2.1 软件对样本总体、A 系列岗位、B 系列岗位进行测度。分析结果表明，见表 2.32，在综合考虑管理无效率、环境及随机干扰等复合因素时，现代农业产业技术体系核心层级科研团队成员的技术效率均值为 0.26，纯技术效率均值为 0.75，平均规模效率为 0.33。这表明团队成员在现有的创新环境和投入水平上，协同创新绩效还有 73.70% 的提升空间，因此，重视科研团队技术效率的提升无疑将给该农业科研团队体系的推进提供重要智力支持。此外，分析数据还显示，不同岗位类型的样本其技术效率存在差异，其中 B 系列岗位专家的协同创新技术效率为 0.64，明显高于 A 系列岗位专家的 0.25。

表 2.32　第一阶段测度的创新技术效率值

效率类型	总体效率			A 系列岗位效率			B 系列岗位效率		
	技术效率	纯技术效率	规模效率	技术效率	纯技术效率	规模效率	技术效率	纯技术效率	规模效率
平均值	0.26	0.75	0.33	0.25	0.88	0.28	0.64	0.98	0.65

---

① Greene W.H., "On the Asymptotic Bias of the Ordinary Leas tsquares Estimatorof the Tobit Model", *Econometrica*, 1981(2).

延续表 2.32 的分类，表 2.33 给出的是样本创新的技术效率分布情况，在 361 个科研团队成员中，协同创新的技术效率值在 0.6 以下区间段的有 327 位，占样本总数的 90.58%，技术效率值在 0.6 以上区间段的仅有 34 位，该比例不到样本总数的 10%。另外还发现技术效率值居于 0.1 以下和 0.2—0.4 的样本较多，分别占到样本总数的 30.75% 和 28.53%，此外技术效率值介于 0.1—0.2 和 0.4—0.6 的样本也占较大份额，分别占样本总数的 19.11% 和 12.19%，见表 2.33。

表 2.33　第一阶段测度的科研团队创新技术效率分布

技术效率值	<0.1	0.1—0.2	0.2—0.4	0.4—0.6	0.6—0.8	0.8—0.9	0.9—1
样本数	111	69	103	44	7	5	22
比例（%）	30.75	19.11	28.53	12.19	1.94	1.39	6.09

表 2.34 和表 2.35 分别是科研团队成员的纯技术效率和规模效率的分布，数据表明样本的纯技术效率在 <0.7 区间上占较大份额，比例高达 39.34%，但同时此区间样本的纯技术效率值于 0.6770—0.6990 呈紧密分布状态，此外还得知 0.7—0.8 的样本也占到较大份额，比例高达 39.89%，而区间 0.8 以上的样本比例则较小，不到样本总数的 21%，总体来看，样本的纯技术效率表现尚可。

表 2.34　第一阶段测度出的创新主体的纯技术效率分布

纯技术效率值	<0.7	0.7—0.8	0.8—0.9	0.9—1
样本数	142	144	31	44
比例（%）	39.34	39.89	8.59	12.19

然而就样本的规模效率来说，情况似乎不够乐观，高达 85.31% 比例的样本处于 0.6 以下的区间，同时规模效率高于 0.8 的样本占比不足

9% 的比例。

表 2.35　第一阶段测度出的创新主体的规模效率分布

规模效率值	<0.1	0.1—0.2	0.2—0.4	0.4—0.6	0.6—0.8	0.8—0.9	0.9—1
样本数	82	69	88	69	23	4	26
比例（%）	22.71	19.11	24.38	19.11	6.37	1.11	7.20

2.Tobit 回归分析过程

为进一步检验科研环境因素、团队愿景及对创新绩效的作用方向及程度，下面借助于 EVIEWS 6.0 软件包，以第一阶段的 DEA 测度的三类效率值为因变量，另以体系目标认知的清晰程度、团队成员的职称、对团队成员知晓程度、不同团队是否经常交流、经费使用上的合理程度、地方政府对产业技术体系发展支持情况、依托单位性质为自变量，做 Tobit 回归，实证结果见表 2.36。

表 2.36　Tobit 回归结果

影响要素	回归模型 1 （TE 为因变量）	回归模型 2 （PE 为因变量）	回归模型 3 （SE 为因变量）
C	0.5607* （1.9148）	0.8320*** （7.6824）	0.6700** （2.1353）
体系目标认知的清晰 程度 –	−0.0097** （−2.3448）	0.0047 （0.4535）	−0.0118** （−2.3913）
职称 –	−0.0252 （−0.4508）	0.0034 （0.1683）	−0.0437* （−1.7302）
对团队成员 知晓程度 –	−0.0218** （−2.1335）	−0.0038* （−1.9448）	−0.0192 （−0.9308）
不同团队是否 经常交流 –	−0.0083 （−0.2794）	0.0019 （0.1711）	−0.0114 （−0.3600）

续表

影响要素	回归模型 1 （TE 为因变量）	回归模型 2 （PE 为因变量）	回归模型 3 （SE 为因变量）
体系在经费使用上的 合理程度 −	−0.1956* （−1.7434）	0.0064 （0.5759）	−0.1608** （−2.0550）
地方政府对体系发展 支持情况 +	−0.0061 （−0.2672）	−0.0089 （−1.0614）	−0.0032 （−0.1312）
依托单位性质 +	−0.1469 （−0.5441）	−0.0824 （−0.8250）	−0.1516 （−0.5240）
似然值	−58.7859	321.7344	−83.5224

注：括号内给出了 Z 统计值，*、**、*** 所对应的显著水平分别是 1%、5%、10%。

模型 1 回归结果表明，一方面，创新团队成员对体系目标认知的清晰程度、对团队成员知晓程度、体系在经费使用上的合理程度等变量给予科研团队协同创新绩效的影响均显著为负，根据文中变量的赋值情况可知，创新团队成员对体系目标认知的清晰程度、对团队成员知晓程度、体系在经费使用上的合理程度等方面的提升均有利于改善科研团队的协同创新绩效。另一方面，调查对象的职称、不同团队是否经常交流、地方政府对体系发展支持情况、依托单位性质等环境变量对科研团队协同创新绩效的影响都不显著，说明以上 4 个环境变量对科研团队协同创新绩效的影响可以忽略。模型 2 回归结果表明，科研团队协同创新的纯技术效率仅受对团队成员知晓程度这一变量的显著影响，结合赋值情况可知：对团队成员知晓程度的提高有利于改善科研团队纯技术效率，即能有效提升管理效率，其他 6 个变量对科研团队协同创新的纯技术效率影响都不显著。模型 3 的回归结果表明，一方面，创新团队成员对体系目标认知的清晰程度、调查对象的职称、体系在经费使用上的合理程度等变量对科研团队协同创新规模效率的影响均都是显著的，根据文中变量的赋值情况可知，创新团队成员对体系目标认知的清晰程度、调查对象的职称、体系在经费使用上的合理程度等方面的提高均有利于科研团队创新规模效率的改善。另一方面，对团队成员知晓程度、不同团队是否经常交流、地方政府对体系发展支持情况、依托单位性质等环境变量对创新规模效率的影响都不显著，影响作用可以忽略。

综上所述，上述模型回归结果给予较为一致的意见有：体系目标认知的清晰程度提升对团队协同创新技术效率改善有显著作用，这又主要体现在该变量对团队协同创新规模效率的显著影响上，由此证实科研团队愿景对成员创新具有重要指导意义，对团队愿景进一步明确化非常必要，而团队成员职称、对团队成员知晓程度、体系在经费使用上的合理程度也是科研团队协同创新绩效的决定要素，因此优化团队职称机构、加强团队成员间的联系、完善经费管理制度亦是当前团队建设中的重点任务，另外由于产业技术体系建立时间较短，尚处于摸索阶段，诸如跨团队间的交流、地方政府对产业技术体系发展支持情况、依托单位性质对体系中的科研团队协同创新的影响尚不明显，然而深层次的原因有待探究，对其也应引起足够注意，拿不同团队是否经常交流来说，模型1和模型3的该回归系数均显示，跨团队间经常交流有利于提高协同创新绩效，只是尚不具有统计学上的意义而已。

本章运用三阶段DEA方法对现代农业产业技术体系核心层级和第二层级所涉及团队成员的创新效率进行了测度，获知当前现代农业产业技术体系协同创新下的科技创新主体技术效率较低的事实，且不同样本和序列岗位间差异较大，同时还认定规模效率不高是阻碍协同创新主体技术效率提升的主要因素。具体来看，现代农业产业技术体系第一层级科技团队成员总体效率仍有 0.76 的提升空间，规模效率较低成为总体效率不高的主要原因；就第一层级科研团队的不同岗位系列而言，B 岗位专家技术效率较 A 岗位专家效率要高。现代农业产业技术体系第二层次的科研团队总体效率也不容乐观，仅为 0.14，且规模效率偏低也是制约该层级团队协同创新绩效不高的主要原因。分体系效率测度与比较还表明：养殖业产业技术体系、林果业产业技术体系和种植业产业技术体系样本技术效率值均有较大提升空间，但养殖业产业技术体系和林果业产业技术体系样本技术效率值要明显高于种植业产业技术体系，上述三种产业技术体系的规模效率不高是致使各自协同创新技术效率不高的主要原因，从养殖业产业技术体系、林果业产业技术体系和种植业产业技术体系样本的技术效率、纯技术效率和规模效率分布情况上看，养殖业产业技术体系、林果业产业技术体系样本在高效率值区间段上的分布情况无疑要优于种植业产业技术体系，养殖业与林果业产业技术体系样本的效率分布则较为接近。

另外，专题研究借助现代农业产业技术体系研发中心 A、B 系列岗位专家调研资料，利用 DEA-Tobit 两步法对现代农业产业技术体系科研团队的协同创新绩效进行了测度，并对绩效的影响因素进行了分析。绩效测度的实证结果表明，团队协同创新效率较低，且规模效率不高是导致团队创新效率较低的关键因素，此外还发现不同岗位类型的样本间协同创新效率值差异较大。协同创新绩效影响因素实证分析结果显示，调查样本就体系目标认知清晰程度的提升对团队协同创新技术效率改善有显著作用，而团队成员职称、对团队成员知晓程度、体系在经费使用上的合理程度也是科研团队协同创新绩效的决定要素，另外跨团队间的交流、地方政府对产业技术体系发展支持情况、依托单位性质对体系中的科研团队协同创新的影响尚不明显。基于上述实证结论，给予的政策含义有：第一，稳定现代农业产业技术体系的支持政策，加强项目管理；第二，实现岗位的分类管理，进一步完善选人用人机制；第三，加强科研团队体系文化建设，增强团队成员的归属感与对现代农业产业技术体系事业的认同感；第四，做好政策配套，加强现代农业产业技术体系同地方行业主管部门交流与合作。

第三章　现代农业产业技术体系协同创新绩效评价——基于固定观察点农户微观调研数据

第三章中利用现代农业产业技术体系内研发中心和综合试验站两个层级的科研团队成员数据就现代农业产业技术体系的协同创新绩效进行了测度，所获得的实证研究结论是对现代农业产业技术体系协同创新现状认识的深入，然而该协同创新绩效评价及实证分析过程所使用的数据是来自现代农业产业技术体系内部成员的统计资料，从数据质量来看客观且减少了笔者数据搜集上的困扰，此外测度结果也容易得到现代农业产业技术体系成员的认同，然而通过现代农业产业技术体系内部获取的数据面临着较大风险，其结果好比是"自己评价自己"，因此出于客观性和对照上的考虑，本章将通过现代农业产业技术体系外部的固定观察点农户数据就现代农业产业技术体系协同创新绩效进行测度，以获得对现代农业产业技术体系现实情况更全面、客观的认识。[①] 本章内容将借助现代农业食用菌产业技术体系两套固定观察点农

---

① 农户是现代农业产业技术体系协同创新最大的受益主体之一，也是现代农业产业技术体系组织实施最终的服务对象。由于农户受现代农业产业技术体系协同创新的影响大，因此其对现代农业产业技术体系的协同创新有较深的理解，通过从其获得的调研数据开展现代农业产业协同创新绩效评价较为合理。

户调研问卷数据（附录 2 和附录 3），进而开展两方面的分析工作：一是全面了解现代农业产业技术体系协同创新下的农户行为特征；二是利用综合模糊评价方法测度现代农业产业技术体系的协同创新绩效。

一、现代农业产业技术体系协同创新中农户行为特征分析

在利用固定观察点农户数据对现代农业产业技术体系协同创新绩效测度之前，有必要全面了解现代农业产业技术体系下农户的行为特征，这实际上也是从体系外的层面对体系的协同创新状况进行深入了解的一个方面。下文将从农户技术需求行为特征、市场流通认知行为特征和参与社会化组织行为特征分别展开分析。

（一）调研基本情况介绍

为了及时、全面了解现代农业产业技术体系协同创新下农户现代农业技术需求、市场流通认知、参与社会组织的情况，本书课题组在农业部等部门指导下，组织现代农业产业技术体系各功能研究室、综合试验站、全国食用菌相关领域专家对中国现代农业产业技术体系协同创新下农户的情况进行了全国性调研。本次调研区域均为中国食用菌生产优势区，分别是西北片区的陕西，东南片区的浙江、福建，长江中上游的湖北，华东片区的江苏，中原片区的河南、山东，华北片区的河北，东北片区的辽宁、吉林、黑龙江，共计 7 大片区的 11 个省份。有数据显示，上述 11 省食用菌产量和产值合计数均占到全国总量的七成以上，由于产业技术体系调研组在样本选择上具有一定的代表性（这也是调研组调查中遵循的一个原则，11 省中的各调查区县均为食用菌主产区县），能够大体反映目前中国现代农业食用菌产业技术体系整体的协同创新情况，调研农户地域分布见表 3.1。

表 3.1　调研农户的地域分布情况

片区	省份	有效调研户数（户）	农户具体的地域分布
东北	辽宁	17	丹东市宽甸县古楼子乡 17 份
东北	吉林	70	敦化市大石头镇三道村 17 份；汪清县天桥岭镇东新村 18 份；蛟河市黄松甸镇南顶子村 21 份；磐石市取柴河镇王家村 14 份
	黑龙江	67	东宁县东宁镇暖泉一村 20 份、柴河镇柴河村 17 份；伊春美溪区对青山经营所 16 份；尚志市珍珠山乡珍珠村 14 份
西北	陕西	9	陕西省洋县槐树关镇蔡河村 9 份
长江中上游	湖北	55	武汉市新洲区凤凰镇刘湾村 15 份；远安县茅坪场镇老观村 11 份；随州市曾都区三里岗许家河村 14 份、草店镇金锣山村 15 份
华东	江苏	75	镇江市丹阳市康家村 12 份；金坛市直溪镇坞家村 16 份；泗阳爱国镇张唐村、吴集镇范庄村各 11 份；铜山县张集镇李村 13 份；徐州丰县师寨镇张寨村 12 份
华北	河北	89	灵寿县灵寿镇大吴庄村 14 份、狗台乡南朱村 13 份；平泉县七沟镇东庄村 14 份；遵化平安城镇平一村 17 份；河北唐县北店头乡水头村 16 份；冀州市北漳淮乡南杨庄村 15 份
中原	河南	110	南阳市西峡县丁河镇北峪村 14 份；清丰县大屯乡贾枣格 14 份；洛阳市栾川县栾川乡养子口村 14 份；平顶山鲁山县董周乡尹庄村 14 份；泌阳县沙河店镇杨庄村 16 份；夏邑县车站镇程大庄村 17 份；汤阴县韩庄乡大黄村 11 份；辉县冀屯乡益三村 10 份
	山东	37	菏泽定陶县马集镇王梁村 15 份；莘县莘城镇前李庄村 11 份；山东邹城平阳寺镇平阳寺村 11 份
东南	浙江	30	浙江江山市清湖镇蔡家村 、浙江江山凤林镇游溪村、衢州常山县白石镇岭头村各 10 份
	福建	42	莆田市仙游县鲤南镇象运村 15 份；古田县大桥镇梅坪村 15 份；南平市顺昌县双溪街溪兰村 12 份
合计（有效问卷）		601	601 份

　　注：经原始数据整理得到，下同。值得一提的是，由于下文分析中论述侧重点的不同，所获取的农户有效问卷数量并不一致，其中农户技术需求分析中有效样本量为 601 份，农户市场流通认知分析中有效样本量 469 份，而现代农业产业技术体系协同创新过程中农户参与社会化组织——食用菌协会分析中的有效样本量则为 488 份。

调研的参与对象，包括各功能研究室、综合试验站、全国食用菌产业技术体系相关领域专家，整个调研工作分三个阶段进行，前后共持续近七个月。在各方的努力下，体系共设计了一整套调查问卷，见附录2，在正式调查前，又就调查表的结构、内容设计和评价指标等内容请教了多位专家，对调查方案进行了三次修改，尽力做到科学和合理；而后，课题组进行了为期近三个月的基层调查，调查中课题组人员直接深入食用菌主产区走访农户，利用问卷调查与座谈的形式获取了11个省份共计616个农户的数据（课题组在近三个月的实地调查工作中获得了一整套数据）；问卷调查从省到乡镇及村（级）均采取的是食用菌主要种植区域的典型调查，随后各调研样本则从典型村所有常年种植户中随机抽样；另外，要说明的一点是，产业技术体系从甘肃、新疆、上海、北京、天津五省区市获得的农户调查问卷只有11份，由于样本量很小为此在具体的分析中未予考虑，调研农户的地域分布情况见表3.1；此后，产业经济研究室各成员进行了调查数据的挖掘工作，在具体数据分析之前，先从农户技术需求角度对问卷进行了整理和筛选，共获得农户有效问卷601份。农户问卷主要包括农户基本信息、农户种植食用菌投入产出调查、食用菌种植技术需求调查、农户销售行为及市场流通、交易费用、贸易形式等方面内容，至于农户的食用菌技术需求方面则涵盖了农户搭架环节、购种环节、栽培环节、生产环节技术需求等方面信息。在数据分析上，首先对反馈的意见和有效调查问卷进行了分类统计，然后对调研结果进行综合的评价分析，这加深了对中国现代农业食用菌产业技术体系各方面问题的了解，也明确了农户的需求方向。

（二）现代农业产业技术体系协同创新下农户技术需求行为分析

以现代农业食用菌产业技术体系为例，该产业生产过程涉及的技术归纳起来大约有 4 大类 28 种。其中：搭架环节的技术有 3 种，分别是轻巧且耐用棚架、菇棚覆盖新式材料、其他类（包括有搭棚、大棚降温、保湿棚架、钢架大棚、耐用新材料、标准化大棚等）；品种技术有 7 种，分别是菌种品质、抗虫害、成本、菌种的高产性能、营养口感及其他类等；栽培环节技术有 7 种，分别是轻简化栽培、迟播促早发、病虫害防控、抗杂菌、通风保湿及其他等；生产环节技术高达 11 种，分别是备料与堆料、发菌、进房、后发酵、播种、菇床的管理、采收、包装运输及其他类等。

从农户反映的技术需求看，农户目前最迫切的技术是：（1）优质的菌种技术（其中农户对菌种品质关注程度最高，占到受访农户总数的 83.81%，最担心的也为菌种品质，占到受访农户总数的 67.26%）；（2）病虫害的防控技术（在菌种上要求具有"抗病虫性能强"的受访者高达农户总数的 53.20%，另外栽培环节上有对病虫害防治技术需求的农户占到受访农户总数 38.52%，此外受访者在生产中最担心"病虫害发生"，占到受访农户总数的 49.11%）；（3）轻简化的栽培技术（在栽培技术类型居第一位，占到受访农户总数的 58.89%）；（4）菇床的管理技术（在生产技术类型中居第一位，占到受访农户总数的 63.51%）。

此外，调查还发现不同省区农户农业技术需求差异很大，即使在同一省区，农户对不同种类技术的需求差异也很明显（见表 3.2），这表明针对不同地区特点应采取不同的技术推广方式，力争做到推广的实用技术与生产实际及种植品种特点紧密结合。

表 3.2　不同省区农业（食用菌）技术需求率分布情况

片区	省份	有效调研户数（户）	技术领域							
			搭架技术（3 项）		选种技术（7 项）		栽培技术（7 项）		生产技术（11 项）	
			选择频次（1/3）	比值	选择频次（1/7）	比值	选择频次（1/7）	比值	选择频次（1/11）	比值
东北	辽宁	17	6.67	0.39	6.57	0.39	5.71	0.34	2.18	0.13
	吉林	70	22	0.31	25.29	0.37	21.14	0.30	16.45	0.24
	黑龙江	67	29	0.43	32.57	0.49	12.86	0.19	9.91	0.15
西北	陕西	9	2	0.22	3.29	0.37	1.71	0.19	1.27	0.14
长江中上游	湖北	55	15	0.27	19.86	0.36	13.43	0.24	13.64	0.25
华东	江苏	75	25	0.33	33.57	0.45	13.71	0.18	2.36	0.03
华北	河北	89	18.67	0.21	30.71	0.35	20.29	0.23	11.82	0.13
中原	河南	110	42.67	0.39	45.43	0.41	24.14	0.22	11.45	0.10
	山东	37	4.33	0.12	15.14	0.41	12.43	0.34	11	0.30
东南	浙江	30	12.33	0.41	7.43	0.25	4.71	0.16	4.73	0.16
	福建	42	10.33	0.25	12.29	0.29	6.57	0.16	2.45	0.06
合计		601								

注：为了使各省区农户各环节技术选择频次与有效调研农户的比值落在（0，1）的区间上，笔者在确定农户的选择频次时，做了如下处理（这里以搭架环节技术为例进行说明）：农户选择频次 = 选择轻巧耐用棚架农户数 /3+ 选择菇棚覆盖新材料农户数 /3+ 其他技术 /3，其中分母 3 表示搭架环节的三大技术，选种、栽培、生产技术环节适用同样的规则。

资料来源：由原始数据整理得出。

（三）农户市场流通行为分析

农户对农产品市场流通的认知，是对市场流通各个环节的感受、思考以及情感反映的总和。本书研究中基于自己的研究目的将农户对市场流通的认知依次分解为：农户对市场流通渠道的认知、市场价格的认知、流通及交易环节的认知以及流通前期处理环节的认知四个维度，即"四分论"。分析后发现，总体来看，现代农业产业技术体系协同创新下农户市场流通认知程度不高，具体表现在：（1）农产品流通渠道呈多元化，但农户对现代流通方式利用不够；（2）食用菌市场价格信息缺乏，农户个体认知差异较大；（3）流通及交易环节认知不足，农民市场地位较弱；（4）流通前期管理方式粗放，农产品附加值提升受限。此外逻辑（Logistic）回归模型的实证研究还发现农户户主年龄、农户村庄道路类型、农户户主文化程度对农户农产品市场流通的认知产生重要影响，其中农户户主年龄越大，农户对农产品市场流通认知越有限；农户户主文化程度越高，农户对农产品市场流通的认知能力越强；农户村庄道路类型越好，农户对农产品市场流通的认知情况越好。因此，为了逐步提高农户对农产品市场流通的认知度，深化农村市场流通体系的改革，需要做好以下工作：一是针对农村留守人员年龄较大的现状，村委会或居民委员会应该带头做好帮扶工作，如可以考虑组织生产大户或能人对农户进行技术指导，同时做好农产品供求信息的搜集；二是应继续加大对农村教育的投入，稳步提高农民的教育水平及综合素质；三是继续加大对农村公路、水、电、气、信息化等基础设施的建设力度，这将扩大农户市场信息的来源范围，增加农户参与市场流通的机会。

（四）农户参与社会化组织行为分析

参与协会组织是农户参与社会化组织的常见形式，研究中就以农户参与协会组织的情况就农户的社会化组织参与行为进行了分析。谈及农户是否有加入当地食用菌协会组织的情况时，246个农户表示未加入协会组织中，占到受访农户总数的 50.40%，当地没有协会组织和对协会组织不了解被告知是最主要的两个原因，这与包庆丰就内蒙古临河区及磴口县林业专业合作组织的调查结论有相似之处。[①]另外，借助 Logistic 回归模型探求影响农户参与社会化组织的因素后发现，林农参与食用菌协会组织的意愿与受访对象户主年龄、受教育程度、受访农户是否是干部家庭、家庭劳动力数量、食用菌收入占家庭总收入比重、家离城镇远近及村庄道路类型等变量不存在显著相关性。但是受访对象户主年龄、受教育程度、受访农户是否干部家庭、家庭劳动力数量、食用菌收入占家庭总收入比重、家离城镇远近 6 个变量对农户农业合作业经济组织参与意愿的影响与假定作用方向一致，这说明：年龄较大的农户，受劳动与认知能力的制约，为顺利实现食用菌的生产销售更依赖于农村专业合作组织；受教育程度较高的农户，对协会等新型事物的认知度较高，更愿意参与其中；在农村，拥有干部身份的农户获得的社会资本较多，其对新型事物的获取能力较强，此外干部身份的农户往往需要在食用菌协会等农村合作经济组织发展中发挥带头作用，因此这部分农户参与食用菌协会的程度较高；家庭劳动力较多的农户，由于在食用菌的生产销售中面临的困难较少，因而寻求协会组织帮助的机会较少，其参与食用菌协会的意愿较弱；食用菌收入占总收入比重较高的农户，其家庭收入受食用菌种植影响较大，其参与协会的积极性较高；家里城镇较远的农户，由于信息、交通方面的限制，乐于参加食用菌协会，向协会寻求生产、销售渠道方面的信息，以实现食用菌种

---

① 包庆丰、王剑：《林农对林业社会化服务体系需求分析——基于内蒙古巴彦淖尔市林农调查》，《林业经济》2010 年第 5 期。

植收益的最大化；至于村庄道路类型对林农协会参与意愿影响为负，由于受到调研数据的限制，需要进一步研究加以明确。种植规模、销售难易程度、是否进行林改①对农户社会化组织的参与意愿存在显著影响。

二、现代农业产业技术体系协同创新绩效的模糊综合评价

农户②作为国家若干重大财政农业科技投入最大受益主体，更是现代农业产业技术体系协同创新最终的服务对象之一，其活动直接接触产业技术应用的第一线，对体系的协同创新状况有其切身的体验和直观感受。由此通过来自他们的调查数据探求其对现代农业产业技术体系协同创新的感受与评价，将对现代农业产业技术体系协同创新状况形成更为客观、准确的认识，从而为有效制定现代农业产业技术体系高效管理的对策，构建更趋完善的现代农业产业技术体系协同创新框架，有利于确保现代农业产业技术体系运转得顺畅和服务效率最优化。

（一）数据说明及信度检验

1. 调研问卷的内容设计

为全面了解现代农业产业技术体系协同创新现状，本书课题组依托国家现代农业产业技术体系重大专项平台分两次深入到湖北随州、武汉新洲、湖北房县、浙江云和县、河南西峡、甘肃天水和永昌等地

---

① 该指标在设计调研问卷时未涉及，但而后的统计分析中认定该变量是影响农户参与食用菌协会的关键因素，因此在后续研究开展过程中借助信息网络及书籍等资料，获得了各调研点的林业改革状况信息，最终该重要信息也反映在了课题研究结论中。

② 按照现代农业产业技术体系现有框架设计，农户是现代农业产业技术体系的最受益者之一，并非现代农业产业技术体系组织架构的直接构成，因此从这个角度来讲，农户是"体系外成员"。

开展固定观察点的农户①调查，其间主要采取了问卷调查、访谈等数据获取形式，为保证尽可能客观地收集数据，课题组组织了两次集体讨论，并广泛征求了体系跨学科专家的意见，此外利用在校生暑期实习的机会于湖北随州三里岗进行了一轮预调查，最终修改完善获得"固定观察点农户种植成本收益"和"现代农业产业技术体系协同创新绩效"两套问卷，该部分分析中用到的"现代农业产业技术体系协同创新绩效（固定观察点农户，见附录3）"问卷包括两部分内容：第一部分旨在了解固定观察点农户基本情况，如农户家庭人口及劳动力数量、户主年龄、文化程度、有无专业技能、农业与非农收入等情况。第二部分主要目的在于了解现代农业产业技术体系协同创新在经济效益方面、生态环境方面、社会效益方面、可持续发展方面带给农户的"冲击"或"影响"，以此通过农户角度较为客观的就现代农业产业技术体系协同创新综合效益情况进行合理评价，涉及的选项如"现代农业产业体系协同创新项目开展以来，对食用菌产量提高或品质改善有帮助吗？""产业技术体系协同创新项目开展，对当地农民环保意识提高有帮助吗？""产业技术体系协同创新项目开展，对本地农产品知名度的提高有帮助吗？"等内容，被调查人员通过填写一个里克特5级量表完成回答，5表示"非常合理或帮助很大"，1表示"非常不合理或没有帮助"，被调查人员选择的得分代表他们对问项的认同度。上述调研共涉及武汉新洲区、湖北随州、浙江云和县等地农户67份，其中武汉新洲农户作为

---

① 此处固定观察点农户选择的具体对象为有常年种植习惯的农户，之所以选择食用菌种植户作为主要调查对象基于以下两点：一是食用菌产业相对于其他农产品产业而言，市场化程度较高，且该产业从业者素质和市场经济意识也相对较强，较适合作为长期跟踪的受访对象；二是本书课题组在食用菌产业经济上形成了较好的研究平台，借助该平台开展食用菌种植户调查较为有利，而且笔者已在食用菌产业经济方面参与了多次实地调查，撰写了多篇学术论文，有了一定的研究基础。因此，选择食用菌种植户作为固定观察对象有利于研究的开展。

城市郊区代表（17 份），湖北随州曾都农户作为中部农村代表（35 份），浙江云和县农户作为东部农村代表（15 份）。在上述地区的典型调查中，课题组累计建立固定观察点 70 个并相应进行了问卷调查，问卷回收 70 份，问卷回收率为 100%。对调研问卷进行筛选与整理后，最终获得有效问卷 67 份，有效问卷率为 95.71%。

样本涉及不同经济发展水平的农户，调研对象具体分布情况见表 3.3。对上述固定观察点农户问卷整理分析后得知：（1）农户户均人口数为 3.87 个，其中劳动力户均数为 2.49 个，仅两户家庭户主性别为女性。（2）受访对象以中老年为主，受教育程度普遍不高。调查显示户主人均年龄为 45.36 岁，其中年龄在 40 岁及以上的户主所占份额较大，比例为 79.31%；户主为高中及以上学历层次仅 14 位，不到受访对象 21% 的比重，而小学及以下学历层次的户主竟占到了受访对象 22.06% 的比重。（3）受访对象多常年从事农业生产，其他技能相对缺乏。数据显示，61.76% 比例的受访对象表示需要在自家地里农忙 6 个月及以上，当谈及其是否还拥有农业生产以外的职业技能时，仅有不到 27% 的受访对象表示自己具有经营管理、木匠、建筑装修等其他技能。（4）受访对象绝大部分未从事村务管理活动，仅一户农户表示户主是村组干部。（5）农户家庭总收入仍以农业收入为主，但农户家庭非农收入来源方式渐趋多样化。2010 年受访农户家庭非农收入户均 5131.51 元，较上年增长幅度有限，外出打工、跑运输、建筑装修、替人种地、做木匠或瓦匠是农户非农收入的主要来源；受访农户均从事食用菌生产，因此户均农业从业收入较高，2010 年达到 47248.21 元，较上年略有增长，这其中农业从业收入中除食用菌种植外主要来源于自家耕地或房前屋后的种养殖，且受制于食用菌种植占用了较大精力种养殖规模普遍较小。（6）受访农户均表示目前上街赶集很便利，交通方式也能与时俱进。数据统计分析显示：受访农户月均赶集频次多在 10 次以上，其赶集主要在于置备生产资料、日常生活消费品购买、送儿孙上学等，另外农民的赶集方式多以骑行摩托车为主，自行车及步行等方式已较少见。

表 3.3　样本点的基本情况与问卷分布情况

调查方法		地区名称	2009 年地区农民人均纯收入（元）	2010 年地区农民人均纯收入（元）	固定观察点获取问卷份数	有效问卷份数
典型抽样	中部农村	湖北随州	5457	6279	18	17
	东部农村	浙江云和	5560	6370	36	35
	城市郊区	武汉新洲	7525	7796	16	15
共计		—	—	—	70	67

注：表中收入数据来源于《湖北统计年鉴》（2011）、《浙江统计年鉴》（2011）。

2. 问卷检验及评价体系确立

获得问卷后，一方面为了验证问卷结果是否稳定可靠，利用信度分析方法进行了考察。一般而言，信度是用来考察问卷调查结果稳定性能的指标，而信度系数的计算方法主要有阿尔法（Alpha）信度、分半信度、格特曼（Guttman）分半信度、库德·里克森（Kuder-Richandson）等。这里采用的是另一种最常用的方法——克隆巴赫信度系数（Cronbach's α）。根据既往信度系数的相关划分，α<0.35 为低信度，0.35< α <0.70 为中信度，0.70< α 则为高信度。一般来说，调查问卷结果的 α 系数在 0.7 上下时该问卷才具有较大使用价值。[1] 本节研究中通过 SPSS 16.0 软件对获取的 67 份固定观察点农户调研问卷进

---

① Cronbach, L.J., "Coefficient Alpha and the Internal Structure of Tests", *Psychometrika*, 1951(16).

行了信度分析，得到克隆巴赫信度系数值为 0.767，因此认定该问卷较稳定、可靠性高，适于相关研究。另一方面为能够准确测定所需测量物的程度，即问卷的效度，文中利用的效度分析方法为抽样适度测定值（KMO）检验。一般而言，如果 KMO 的值大于 0.7，则说明获取问卷的效度较好，适应进行因子分析。此外，若巴特利（Bartlett）球状检验的 P 值小于 0.001，则说明因子相关系数矩阵非单位矩阵，能提取最少因子且又能解释大部分方差，即效度较好。[①]本书研究的信度及效度检验结果见表 3.4。

表 3.4　调研问卷的信度、效度检验

分析变量			克隆巴赫信度系数		KMO 值
问卷设计内容	经济效益维度	产量提高程度	0.718		0.733
		品质改善程度			
		销售价格提高程度			
	社会效益维度	加深农业政策了解	0.708	0.752	0.794
		促进劳动力转移			
		促进现代科技应用			
		缓解家庭支出压力			
		改善本地产业结构			
		促进脱贫致富			
		缩小居民收入差距			
		提高财政收入			
		改善居民生活品质			
	生态效益维度	环保意识提升	0.750		0.771
		生产资料节约利用			
		水资源节约利用			
		土地资源节约利用			

①巴特利球状检验的原假设是：相关系数矩阵为单位矩阵（即，不适合作因子分析），当相关系数矩阵统计量（服从卡方分布）对应的 P 值小于 0.001 时（亦可设定为小于 0.05），可认定拒绝原假设，适合因子分析。

续表

分析变量			克隆巴赫信度系数	KMO 值
问卷设计内容	生态效益维度	缓解滥采乱伐	0.750	0.771
		废弃物处理方式		
	可持续发展维度	市场观念意识提升	0.733	0.728
		专业技能水平提高		
		信息获取能力提升		
		抗风险能力提高		
		顺产顺销		
		资金获取能力提高		
		生产技术获取能力提高		
		产品美誉度提升		
		企业发展能力提升		
		基础设施条件		

注：克隆巴赫信度系数 0.752、KMO 值对应在"分析变量"整体行中。

在因子分析中有基于主成分模型的主成分分析法和基于因子分析模型的主轴因子法、极大似然法、最小二乘法等多种确定因子变量的方法。本书研究中采用主成分因子分析，以最大变异法（Varimax）作为正交转轴，以回归方法估计因子得分，按照多数统计学者的研究文中将因子负荷大于 0.4 的问题项予以保留。第一，至于经济绩效维度的七项指标，其中产量、品质、销售价格三项得以保留；第二，至于生态效益维度的七项指标，其中环保意识、生产资料节约利用、水资源节约利用、土地资源节约利用、缓解滥采乱伐、废弃物处理方式等六项得以保留；第三，至于社会效益维度的十项指标，其中除加强同有关部门的联系外的其余九项予以保留；第四，至于农业可持续发展维度的十一项指标，其中除产业整体竞争力水平的其余十项得以保留；第五，总体上述四类共同因子累积方差贡献率达到 50.31%，最低的为因子三 7.97%，最高的因子一达到了 19.54%，据史蒂文斯（Stevens）的研究结论，对探索性因子分析而言，累积方差贡献率超过 50% 表明可以接受。[①]

表 3.5　主成分分析表

	因子一	因子二	因子三	因子四
产量	0.37			
品质	0.79			
对外销售价格	0.83			
农业政策		0.56		
剩余劳动力		0.55		
现代农业科技		0.44		
缓解支出压力		0.81		
改善农业产业结构		0.71		
脱贫致富		0.84		
缩小居民收入差距		0.65		
财政收入		0.63		
农民生活品质		0.79		
环保意识			0.81	
生产资料			0.80	
水资源			0.59	
土地利用			0.51	
缓解滥采乱伐			0.31	
生产废弃物处理			0.76	
市场观念				0.52
专业技能水平				0.59
信息获取能力				0.70
生产抗风险能力				0.58

① Stevens J., *Applied Multivariate Statistics for the Social Sciences (First Edition)*, New Jersey: Lawrence Erlbaum Associates, 1986.

续表

	因子一	因子二	因子三	因子四
食用菌销售				0.63
生产资金获取				0.60
生产技术获取				0.68
食用菌产品知名度				0.59
企业发展				0.56
基础设施建设				0.62
特征值	1.45	1.76	3.50	2.99
方差贡献率（%）	19.54	11.27	7.97	11.53
累积方差贡献率（%）	19.54	30.81	38.78	50.31

最后，根据以上共同因子所包含的信息，将上述四类主要因子分别定义为"经济效益因子""社会效益因子""生态效益因子""可持续发展因子"。如此以主成分因子分析结果为基础，就构建了从微观主体固定观察点农户角度出发的现代农业产业技术体系协同创新绩效评价指标体系，见图3.1。

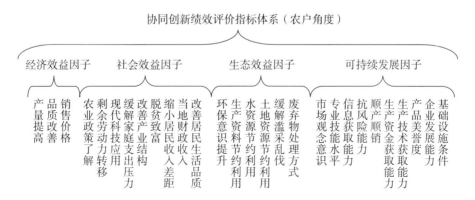

图3.1　现代农业产业技术体系协同创新绩效评价指标体系（体系外农户角度）

（二）农户对产业技术体系协同创新绩效评价各维度的描述分析

基于农户对现代农业产业技术体系的微观评价，是农户就现代农业产业技术体系协同创新对农业产业、农村社会发展所带来影响的感受、思考及情感反映的总和，是以主观形态反映的现代农业产业技术体系协同创新绩效的客观事实。基于笔者的研究目的将农户对产业技术体系协同创新绩效评价依次分解为经济绩效评价、生态环境绩效评价、社会效益评价、可持续发展评价四个维度。下述内容并借助固定观察点的农户调研数据，将农户就现代农业产业技术体系协同创新绩效评价维度进行描述分析。

1. 现代农业产业技术体系协同创新项目开展对农户生产经济效益提高作用有限

为了较为全面把握现代农业产业技术体系协同创新项目开展以来农户经济效益方面的改善状况，研究中着重从农户农产品种植品种与结构变动、农产品总产量变动、成本效益变动及农业生产投入要素产出率变动等几个方面展开。在农户农产品种植品种与结构变动方面，谈及"现代农业产业技术体系协同创新项目开展以来，您家食用菌种植品种结构变得更合理了吗？"，仅有 41.80% 的受访对象表示其品种结构"非常合理"或"较合理"，表示品种结构"一般"的农户比例高达 40.30%，另有高达 17.90% 比例的农户表示其品种结构尚显得"不太合理"；在农户种植规模变动上有着与农户种植品种结构大约一致的表现，有比例为 52.20% 的受访对象表示现代农业产业技术体系协同创新项目开展以来，其家庭食用菌种植规模趋于"非常合理"或"较合理"，另有比例为 47.80% 的农户表示其家庭食用菌种植规模趋于"一般"或"不太合理"，其中作答"不太合理"的农户比例亦高达 17.90%，见表 3.6。

表 3.6 农户农产品品种结构及种植规模变动情况

	品种结构		种植规模	
	频次（人次）	百分比（%）	频次（人次）	百分比（%）
非常合理	4	6.00	1	1.50
比较合理	24	35.80	34	50.70
一般	27	40.30	20	29.90
不太合理	12	17.90	12	17.90
非常不合理	0	0	0	0
合计	67	100.00	67	100.00

表 3.7 显示，在种植户农产品产量与品质变动方面，仅有 31.34% 比例的受访农户表示现代农业产业技术体系协同创新项目开展对其家庭农产品产量的提高"帮助很大"或者"帮助较大"，表示"帮助不大"或"没有帮助"的农户比例仍高达 29.86%，同时仅有 34.33% 比例的受访农户表示现代农业产业技术体系协同创新项目开展对其家庭农产品品质改善"帮助很大"或者"帮助较大"，表示"帮助不大"或"没有帮助"的农户比例高达 28.36%，由于现代农业产业技术体系协同创新项目开展对农户农产品品质改善有限，因此受访农户农产品的销售价格提升并不明显，仅 29.85% 比例的受访农户表示其农产品销售价格提升受到现代农业产业技术体系协同创新项目开展的"帮助很大"或"帮助较大"，另有高达 34.33% 比例的受访农户表示"帮助不大"或"没有帮助"。

表 3.7 农户农产品产量及品质提升状况

	产量提高		品质提升		销售价格提高	
	频次（人次）	百分比（%）	频次（人次）	百分比（%）	频次（人次）	百分比（%）
帮助很大	1	1.49	3	4.48	5	7.46

	产量提高		品质提升		销售价格提高	
	频次 （人次）	百分比 （％）	频次 （人次）	百分比 （％）	频次 （人次）	百分比 （％）
帮助较大	20	29.85	20	29.85	15	22.39
程度一般	26	38.80	25	37.31	24	35.82
帮助不大	14	20.90	13	19.40	17	34.33
没有帮助	6	8.96	6	8.96	6	8.96
合计	67	100.00	67	100	67	100.00

　　而当论及现代农业产业技术体系协同创新项目开展以来，受访农户种植投入要素变动情况时，53.70% 比例的受访农户表示其农业生产中农药、种子、机械等生产资料使用量维持不变，另有高达 43.30% 比例的受访农户表示其农业生产中生产资料使用量上升，仅 3.00% 比例的受访农户表示其农业生产中生产资料使用量趋于下降，这其中仅 1 户受访农户表示其生产资料使用量明显下降，该比例不足全部有效样本农户的 2.00%。现代农业产业技术体系协同创新项目开展以来，受访农户在生产劳动用工节约方面也表现得不尽如人意，比例高达 68.70% 的农户表示其家庭农业生产劳动用工在产业技术体系协同创新前后并未发生改变，与此同时竟有 16.40% 比例的受访农户反映其家庭劳动生产用工有明显上升，仅有 14.90% 比例的受访农户反映其家庭劳动生产用工呈下降趋势，这其中有 5 户受访农户家庭农业生产用工下降明显，但比例仍不足全部有效样本的 7.50%。见表 3.8。

表 3.8　农户农产品生产要素投入变化情况

	生产资料变化		所需工时变化	
	频次（人次）	百分比（%）	频次（人次）	百分比（%）
下降	2	3.00	10	14.90
上升	29	43.30	11	16.40
维持不变	36	53.70	46	68.70
合计	67	100.00	67	100.00

注：生产资料和所需工时变化中的明显上升、明显下降数据不单独反映在表 3.8 中。

此外，农户农业生产中所获的技术服务质量也是影响农户农业生产经济效益的重要内容，因此在入户调查时对该内容也进行了信息采集。调查显示（见表 3.9），受访农户反映现代农业产业技术体系协同创新项目开展以来，在食用菌生产中获得技术服务的质量趋于"非常高"和"比较高"的比例合计为 22.38%，表示所获技术服务质量"一般"的比例超过了四成，为 41.79%，另外比例为 35.83% 的受访农户表示现代农业产业技术体系协同创新项目开展前后其农业技术服务质量呈下降趋势，表现为"不太高"或"非常低"。因此，在农业技术服务质量上还有着较大提升空间。

表 3.9　农户所获农业技术服务质量变化情况

	生产资料变化	
	频次（人次）	百分比（%）
非常高	1	1.49
比较高	14	20.89
一般	28	41.79
不太高	18	26.87
非常低	6	8.96
合计	67	100.00

2. 现代农业产业技术体系协同创新项目开展对农村生态环境效益贡献并不明显

推进资源节约型、环境友好型农业技术集成及示范，是现代农业产业技术体系开展需要达成的重要目标。农户作为两型农业技术最终的受益主体，对其开展广泛调查，有利于把握现代农业产业技术体系协同创新前后，农户农业生产环保意识变化、农户农业生产中资源节约使用及农业生产对环境影响等方面的情况。调查显示（见表3.10），有比例为25.40%的受访农户表示：现代农业产业技术体系协同创新以来，对当地农民环保意识的提高"帮助很大"或"帮助较大"，但同时仍有比例高达37.30%的受访农户表示"帮助不大"或"没有帮助"，这在农户现代农业产业技术体系协同创新前后农业生产废弃物（如菌棒）的处理方式上有所体现，调查显示，当前农户处理农业生产废弃物的方式仍显得简单粗放，将生产废弃物用作生产生活燃料或肥田仍是主要的处理方式（由产业技术体系协同创新项目开展前的53户略微升至体系协同创新项目开展后的54户），同时还有一定比例的农户选择卖掉或者直接扔掉的方式（由产业技术体系协同创新项目开展前的6户降至体系协同创新项目开展后的4户）。

表3.10　产业技术体系协同创新对农户环保意识提高的帮助情况

	生产资料变化	
	频次（人次）	百分比（%）
帮助很大	3	4.50
帮助较大	14	20.90
程度一般	25	37.30
帮助不大	21	31.30

	生产资料变化	
	频次（人次）	百分比（％）
没有帮助	4	6.00
合计	67	100.00

表 3.11 显示，当询问受访农户当前农业生产废弃物的处理方式是否较现代农业产业技术体系协同创新项目开展前更为合理时，比例为62.69%的受访农户表示"非常合理"或"比较合理"，表示当前农业生产废弃物处理方式"不太合理"的农户所占比例较小，为11.94%。如此看来，现代农业产业技术体系协同创新项目开展以来，农户环保意识有一定提升，农户生产废弃物处理方式也趋于较合理。

表 3.11　农业生产废弃物处理方式较体系协同创新前的合理程度

	频次（人次）	百分比（％）
非常合理	7	10.45
比较合理	35	52.24
一般	17	25.37
不太合理	8	11.94
非常不合理	0	0
合计	67	100.00

农户农业生产中资源节约使用情况是现代农业产业技术体系对农业生态环境产生影响的重要内容，在调研中课题组就对该部分内容给予了较大关注。受访对象主要是有着长年食用菌种植经验的固定观察点农户，涉及其农业生产资料节约使用情况时题项设计为：现代农业产业技术体系协同创新项目开展前后，农户家庭农业生产中化肥、种

子等农业生产资料、水土资源等农业生产要素节约利用情况。调查显示，认为现代农业产业技术体系协同创新项目开展对农户生产资料节约使用"帮助很大"或"帮助较大"的受访农户比例不足 23.00%，与此同时表示对生产资料节约利用"帮助不大"或"没有帮助"的农户竟高达 53.73% 的比例；其次，调研数据还显示：现代农业产业技术体系协同创新项目开展对农户农业生产中水资源的节约使用帮助也不明显，仅 25.40% 比例的受访农户表示"帮助很大"或"帮助较大"，表示对水资源节约利用"帮助不大"或"没有帮助"的受访农户比例也高达 37.3%，见表 3.12。

表 3.12　生产资源利用方式变动的帮助状况

	化肥、农药等生产资料		水资源	
	频次（人次）	百分比（%）	频次（人次）	百分比（%）
帮助很大	1	1.49	3	4.50
帮助较大	14	20.90	14	20.90
程度一般	16	23.88	25	37.30
帮助不大	30	44.77	21	31.30
没有帮助	6	8.96	4	6.00
合计	67	100.00	100	100.00

此外，现代农业产业技术体系协同创新项目开展对农户农业生产土地利用方式改善状况也不容乐观，认为自家农业生产中土地利用方式在农业产业技术体系协同创新项目开展后趋于"非常合理"或"比较合理"的农户比例不足 41.20%，16.40% 比例的农户表示当前土地利用方式趋于"不太合理"。在基料的利用方面，当前利用情况稍好，有比例为 55.30% 的农户表示其在食用菌生产中基料利用趋于"非常合理"或"比较合理"，但仍有 13.40% 比例的农户表示当前基料利用"不太合理"

或"非常不合理。"因此，有关部门就该情况应引起一定重视，见表3.13。

表3.13　农户农业生产中土地与基料利用合理程度

	土地利用		基料利用	
	频次（人次）	百分比（%）	频次（人次）	百分比（%）
非常合理	6	9.00	5	7.50
比较合理	27	40.30	32	47.80
一般	23	34.30	21	31.30
不太合理	11	16.40	8	11.90
非常不合理	0	0	1	1.50
合计	67	100.00	67	100.00

还有一点，林木资源是食用菌生产中的必备原料，随着食用菌产业规模的不断扩大，林木资源需求量增长态势迅猛，这引发很多食用菌产区大面积毁林现象，致使调研地生态资源环境遭到严重破坏，因此通过了解现代农业产业技术体系协同创新项目开展前后，调研地在食用菌生产中滥采乱伐林木资源有无缓解的情况，可以在一定程度上反映现代农业产业技术体系协同创新项目开展对农业生态环境是否具有改善作用。然而调研结果并不十分认可现代农业产业技术体系协同创新项目开展对环境的改善作用，见表3.14，有高达47.77%比例的受访农户表示产业技术体系协同创新项目开展对缓解当地林木滥采乱伐状况"帮助不大"或"没有帮助"，仅有26.86%比例的受访农户表示对缓解滥采乱伐现象"帮助很大"或"帮助较大"。

表3.14　对缓解滥采乱伐现象的帮助作用

	频次（人次）	百分比（%）
帮助很大	5	7.46
帮助较大	13	19.40

	频次（人次）	百分比（%）
程度一般	17	25.37
帮助不大	14	20.90
没有帮助	18	26.87
合计	67	100.00

3. 现代农业产业技术体系协同创新项目开展带来的社会效益较弱

现代农业产业技术体系是按照新型农业科研管理模式构建的现代农业科技服务网络，其服务的最终对象包括农业科技使用者、政府部门、行业协会、农业企业等主体，从受访农户这一受益主体的视角分析现代农业产业技术体系的协同创新项目开展对其就业状况、收入水平和生活品质等方面是否改善，将有助于反映现代农业产业技术体系协同创新项目开展前后所带来的农村社会效益变化。表3.15的数据显示，反映现代农业产业技术体系协同创新项目开展后对其加深国家农业政策了解"帮助较大"的农户比例仅为11.94%，53.73%的农户表示"帮助不大"或"没有帮助"；表示产业技术体系协同创新项目开展对加强促进农户同政府有关部门联系沟通的受访对象比例也较低，具体回答"帮助很大"或"帮助较大"的农户不足有效样本农户的26.9%，同时认为产业技术体系协同创新对其加强与政府有关部门联系"帮助不大"或"没有帮助"的农户比例高达四成。

表 3.15　体系协同创新项目开展对加深农户对农业政策知晓程度的帮助

	农业政策知晓程度		加强同部门联系	
	频次（人次）	百分比（%）	频次（人次）	百分比（%）
帮助很大	0	0	1	1.50
帮助较大	8	11.94	17	25.40

	农业政策知晓程度		加强同部门联系	
	频次（人次）	百分比（%）	频次（人次）	百分比（%）
程度一般	23	34.33	22	32.80
帮助不大	23	34.33	19	28.40
没有帮助	13	19.40	8	11.90
合计	67	100.00	67	100.00

在论及现代农业产业技术体系协同创新项目开展给农户家庭生产带来的影响时，多于三成比例的受访农户认为体系协同创新项目开展对其家庭生产中现代农业科技的应用状况的改善"帮助很大"或"帮助较大"，与此同时有 32.84% 比例的受访农户表示"帮助不大"或"没有帮助"，见表 3.16。

表 3.16　对现代农业科技应用的帮助程度

	频次（人次）	百分比（%）
帮助很大	1	1.49
帮助较大	20	29.85
程度一般	24	35.82
帮助不大	20	29.85
没有帮助	2	2.99
合计	67	100.00

至于现代农业产业技术体系协同创新项目开展给予农户在生活上的影响，仅 38.81% 比例的受访农户反映体系协同创新项目开展对改善当地农业产业结构"帮助很大"或"帮助较大"；农业产业结构调整的不明显对改善当地农户生活品质贡献也相对较小，调研数据统计显示，见表 3.17，仅 37.32% 的农户认为产业技术体系协同创新项目

开展对缓解家庭支出压力"帮助很大"或"帮助较大",另有 37.31% 比例的农户认为"帮助不大"或"没有帮助",另外,产业技术体系协同创新项目开展被认为对农村家庭剩余劳动力的转移帮助也不大,仅有 23.89% 比例的受访农户认为现代农业技术体系协同创新项目开展对家庭剩余劳动力转移"帮助很大"或"帮助较大"。

表 3.17　对农村居民家庭生活的影响程度

	农业产业结构改善程度		缓解支出压力		剩余劳动力转移	
	频次 (人次)	百分比 (%)	频次 (人次)	百分比 (%)	频次 (人次)	百分比 (%)
帮助很大	3	4.48	6	8.96	6	8.96
帮助较大	23	34.33	19	28.36	10	14.93
程度一般	27	40.30	17	25.37	17	25.37
帮助不大	13	19.40	21	31.34	29	43.28
没有帮助	1	1.49	4	5.97	5	7.46
合计	67	100.00	67	100.00	67	100.00

现代农业产业技术体系协同创新项目开展对当地社会经济事业的影响也是体系协同创新社会绩效的重要方面,据受访对象的切身感受,产业技术体系协同创新项目开展对改善居民收入差距较大的状况"帮助不大",见表 3.18,仅 34.30% 的农户表示体系协同创新项目开展对缩小居民收入差距"帮助很大"或"帮助较大",体系协同创新项目开展对当地农村居民脱贫致富影响程度较高,比例超过五成的受访农户表示:体系协同创新项目开展对当地农民脱贫致富"帮助很大"或"帮助较大",然而并不乐观的现实情况是仍有比例为 23.90% 的受访对象表示"帮助不大"或"没有帮助";另外调研数据还显示,58.20% 比例的受访农户表示:体系协同创新项目开展对当地财政收入改善"帮

助很大"或"帮助较大",回答"帮助不大"或"没有帮助"的农户占14.90%的比重。

表 3.18　对农村收入状况的影响程度

	脱贫致富影响程度		缩小居民收入差距		改善财政收入状况	
	频次 (人次)	百分比 (%)	频次 (人次)	百分比 (%)	频次 (人次)	百分比 (%)
帮助很大	7	10.40	8	11.90	9	13.40
帮助较大	30	44.80	15	22.40	30	44.80
程度一般	14	20.90	16	23.90	18	26.90
帮助不大	14	20.90	19	28.40	8	11.90
没有帮助	2	3.00	9	13.40	2	3.00
合计	67	100.00	67	100.00	67	100.00

虽然上述统计分析表明体系协同创新项目开展对农村居民的生活质量产生了一定的影响,但还有近五成的受访对象表示:体系协同创新项目开展对改善当地农户生活品质帮助"程度一般"或"帮助不大",见表 3.19。

表 3.19　产业体系协同创新对农村居民生活品质改善帮助程度

	频次(人次)	百分比(%)
帮助很大	6	8.96
帮助较大	28	41.79
程度一般	20	29.85
帮助不大	13	19.40
没有帮助	0	0
合计	67	100.00

4. 现代农业产业技术体系协同创新项目开展带来的农业可持续发展效益仍有提升空间

现代农业产值和产量规模的持续增长既丰富了城乡居民的食物结构，也保证了社会的长期稳定，上述成绩的取得固然可喜，然而当前中国面临着保持农业与资源环境建设协调健康发展的严峻挑战，这迫切需要加快转变农业经济增长方式，不断强化农业经济、农村社会可持续发展能力。现代农业产业技术体系在各个农业主产省份的广泛协同创新，构建了新时期农业科技服务"三农"的巨型网络，给予当前农业发展方式的转变以有力的支撑，对农业经营者从业理念、企业经营方式、产业竞争力形成了一定影响，而这些方面的改变均是农业可持续发展能力变化的重要内容。农业从业者素质的提升对农业可持续发展能力的改善方面具有重要作用，谈及农户市场经营观念，一方面29.86%比例的受访农户表示现代农业产业技术体系协同创新项目开展对当地农户市场观念的提高"帮助很大"或"帮助较大"，另一方面仍有38.80%的受访农户表示"帮助不大"或"没有帮助"；农业经营者专业技能水平的提升程度也是体系协同创新项目开展前后农业可持续发展能力改变的重要内容，然而调研结果显示：农业经营者专业技能水平在体系协同创新前后提高并不显著，有高达35.82%比例的受访农户认为自身专业技能水平的提升受到体系协同创新项目开展的"帮助不大"或"没有帮助"；另外，农业生产经营者在农业信息获取和抗风险能力的提升上受到体系协同创新项目开展的影响也较小，其中仅有31.35%的受访农户表示体系协同创新对其信息获取能力的提升"帮助很大"或"帮助较大"，另外仅有比例为28.36%的受访农户表示体系协同创新项目开展对其农业生产抗风险能力的增强"帮助很大"或"帮助较大"，见表 3.20。

表 3.20　对农户生产经营能力的帮助状况（一）

	市场经营观念改变		专业技能水平提高		经营信息获取能力提升		生产抗风险能力增强	
	频次（人次）	百分比（%）	频次（人次）	百分比（%）	频次（人次）	百分比（%）	频次（人次）	百分比（%）
帮助很大	3	4.48	5	7.46	3	4.48	4	6
帮助较大	17	25.38	22	32.84	18	26.87	15	22.39
程度一般	21	31.34	16	23.88	18	26.87	16	23.88
帮助不大	17	25.37	19	28.36	26	38.80	22	32.84
没有帮助	9	13.43	5	7.46	2	2.98	10	14.92
合计	67	100.00	67	100.00	67	100.00	67	100.00

与此同时农业生产经营主体在农业生产资金或技术获取及农产品销售上的难易程度是制约农业经营者可持续能力不断增长的重要方面，因此全面了解现代农业产业技术体系协同创新项目开展前后，农业生产经营主体在上述方面的改变有助于识别经营主体可持续发展能力增长与否。表 3.21 显示，体系协同创新对当地农户在农业生产资金和技术获取上带来的帮助并不大，一方面仅比例为 22.40% 的受访农户表示现代农业体系协同产业技术创新项目开展项目开展对农业生产资金的获取"帮助很大"或"帮助较大"；另一方面表示现代农业产业技术体系对其农业生产技术的获取"帮助很大"或"帮助较大"的农户也仅占 28.40%。在农业生产的产成品销售方面，当地农户也并未深刻感受到产业技术体系的协同创新项目开展带来巨大变化，仅 37.40% 的受访农户表示体系协同创新项目开展对其农业产品实现顺产顺销的"帮助很大"或"帮助较大"。

表 3.21　对农户生产经营能力的帮助状况（二）

	生产资金获取		生产技术获取		农业产品顺产顺销	
	频次（人次）	百分比（%）	频次（人次）	百分比（%）	频次（人次）	百分比（%）
帮助很大	1	1.50	3	4.50	5	7.50
帮助较大	14	20.90	16	23.90	20	29.90
程度一般	25	37.30	25	37.30	21	31.30
帮助不大	22	32.80	16	23.90	12	17.90
没有帮助	5	7.50	7	10.40	9	13.40
合计	67	100.00	67	100.00	67	100.00

另外，农业企业作为重要的农业生产经营主体之一，其发展状况是农业产业可持续发展能力提升的关键环节。据了解调查地均是农业产业发展较好的地区，有一定的特色支撑产业。现代农业产业技术体系对当地农业企业发展能力提升程度引起了本书课题组的关注，调研发现调查地区的农业企业发展势头良好，受到的现代农业产业技术体系协同创新项目开展的影响较农业个体经营户明显，有 55.22% 的受访农户表示体系协同创新项目开展对当地涉农企业发展"帮助很大"或"帮助较大"，见表 3.22，这或许与众多的综合试验站往往设在企业里，加之企业较个体农业劳动者市场应变能力较强有关。

表 3.22　对农业企业发展能力提升的帮助状况

	频次（人次）	百分比（%）
帮助很大	8	11.94
帮助较大	29	43.28
程度一般	21	31.34
帮助不大	8	11.94
没有帮助	1	1.50
合计	67	100.00

再次，本书课题组想了解现代农业产业技术体系强大的服务网络是否对各主要农业产区典型产品知名度的提升形成一定帮助。调研结果发现：现代农业产业技术体系协同创新的项目开展的确对农业主产省区产品知名度的提高影响很大，有近六成的受访农户表示现代农业产业技术体系协同创新项目开展给当地农产品知名度的提高"帮助很大"或"帮助较大"，仅不足2%的受访农户表示"没有帮助"，见表3.23。

表 3.23　对农业品牌提升的帮助程度

	频次（人次）	百分比（%）
帮助很大	8	11.90
帮助较大	32	47.80
程度一般	18	26.90
帮助不大	8	11.90
没有帮助	1	1.50
合计	67	100.00

此外，一来现代农业产业技术体系协同创新项目开展对受访地基础设施建设的推进也有一定的效果，见表3.24，结果显示：41.80%的受访对象表示现代农业产业技术体系协同创新项目开展对改善当地基础设施条件"帮助很大"或"帮助较大"，仅不到2%比例的农户认为"没有帮助"；二来现代农业产业技术体系协同创新项目开展对调查地农业产业整体竞争实力的提升也有较大帮助，见表3.25，调研数据的统计分析表明，有比例为53.80%的受访农户表示其所在地区产业整体竞争实力增长受到现代农业产业技术体系协同创新项目开展的"帮助很大"或"帮助较大"。上述状况表明农业产业体系协同创新对农业农村可持续发展能力的提升产生了较大影响，是体系协同创新绩效的重要内容。

表 3.24　对农业基础设施推进的帮助程度

	频次（人次）	百分比（%）
帮助很大	4	6
帮助较大	24	35.80
程度一般	29	43.30
帮助不大	9	13.40
没有帮助	1	1.50
合计	67	100.00

综上所述，从固定观察点农户获得的问卷资料直观描述了现代农业产业技术体系协同创新项目开展对农业经济增长、农村社会生态环境改善及农业可持续发展能力变化等方面的影响，但是不难看出，当前现代农业产业技术体系协同创新运行上尚未完全发挥出预期的效用，其协同创新绩效仍有较大的提升空间，但这一空间究竟有多大，却有必要通过后文进一步的定量研究加以明确，以下实证研究内容会借助主成分分析和模糊评价等方法展开。

表 3.25　对当地产业整体竞争力提升帮助程度

	频次（人次）	百分比（%）
帮助很大	6	9.00
帮助较大	30	44.80
程度一般	21	31.30
帮助不大	8	11.90
没有帮助	2	3.00
合计	67	100.00

（三）现代农业产业技术体系协同创新绩效的模糊评价

紧接着上述内容，将现代农业产业技术体系协同创新绩效作为该节研究对象，利用固定观察点农户调研问卷中在因子分析时所保留的28 个样本题项，借助体系外农户角度获取的数据对现代农业产业技术体系协同创新作出评价。下文将根据搜集到的上述数据对现代农业产业技术体系协同创新绩效作出模糊综合评判。

1. 确定评价因素集 U（着眼点）

设评价集合为 U，根据图 3.1 的评价指标体系，现代农业产业技术体系协同创新绩效评价集具体表示为：$U=（U_1,U_2,U_3,U_4）$，式中的 U_i（$i=1,\cdots,4$）即为上文构造的经济效益因子、社会效益因子、生态效益因子、可持续发展能力因子等评价因素。

这其中评价因子集为：

$U_1=(U11,U12,U13)$;

$U_2=(U21,U22,U23,U24,U25,U26,U27,U28,U29)$;

$U_3=(U31,U32,U33,U34,U35,U36)$;

$U_4=(U41,U42,U43,U44,U45,U46,U47,U48,U49,U40)$。

2. 给出评价集 V（评语）

该研究对现代农业产业技术体系协同创新绩效的评价集表述为 $V=(V_1,V_2,V_3,V_4,V_5)$（即：帮助很大，帮助较大，一般，帮助不大，没有帮助）或（非常合理，比较合理，一般，不太合理，非常不合理），具体折算标准见表 3.26。

表 3.26　现代农业产业技术体系协同创新绩效评价集及折算标准

评价集	描述	里克特五分量	百分制	对应选项（赋值）	折算值
V_1	帮助很大 / 非常合理	4 分以上	85 分以上	5	90
V_2	帮助较大 / 比较合理	3.25—4 分	75—85 分	4	80
V_3	一般	2.55—3.25 分	65—75 分	3	70
V_4	帮助不大 / 不太合理	1.85—2.55 分	55—65 分	2	60
V_5	没有帮助 / 非常不合理	1.85 分以下	55 分以下	1	50

3. 确定评价指标的权重集 A

确定评价指标的权重集是模糊评价的重要环节，专家打分法或德尔菲法由于简单方便，故而在实践中运用的相对较多，但该方法由于过分倚重专家的主观判断，因此在客观性上稍显不足。本书研究采取了综合模糊层次分析方法，并利用主成分因子分析结果来确定评价指标的权重集 A。第一步，将各因子负荷及方差贡献率两两比较，求出判断系数矩阵 $M_i=(i=1,2,3,4)$ 及 M：

$$M_1=\begin{pmatrix} 1 & 2.123 & 2.211 \\ 0.471 & 1 & 1.042 \\ 0.452 & 0.960 & 1 \end{pmatrix};\ M_2=\begin{pmatrix} 1 & 0.979 & \dots & 1.415 \\ 1.022 & 1 & \dots & 1.446 \\ 1\,270 & 1.243 & \dots & 1.798 \\ 0.689 & 0.674 & \dots & 0.975 \\ 0.786 & 0.769 & \dots & 1.113 \\ 0.669 & 0.655 & \dots & 0.947 \\ 0.857 & 0.839 & \dots & 1.213 \\ 0.887 & 0.868 & \dots & 1.256 \\ 0.707 & 0.692 & \dots & 1 \end{pmatrix};$$

$$M_3=\begin{pmatrix} 1 & 0.988 & \dots & 0.933 \\ 1.002 & 1 & \dots & 0.936 \\ 1.369 & 1.365 & \dots & 1.277 \\ 1.586 & 1.582 & \dots & 1.480 \\ 2.627 & 2.620 & \dots & 2.451 \\ 1.072 & 1.069 & \dots & 1 \end{pmatrix};\ M_4=\begin{pmatrix} 1 & 1.130 & \dots & 1.185 \\ 0.885 & 1 & \dots & 1.049 \\ 0.746 & 0.843 & \dots & 0.884 \\ 0.902 & 1.019 & \dots & 1.069 \\ 0.830 & 0.938 & \dots & 0.984 \\ 0.873 & 0.987 & \dots & 1.035 \\ 0.767 & 0.867 & \dots & 0.909 \\ 0.883 & 0.998 & \dots & 1.047 \\ 0.942 & 1.065 & \dots & 1.117 \\ 0.844 & 0.953 & \dots & 1 \end{pmatrix};$$

$$M=\begin{pmatrix} 1 & 1.296 & 1.061 & 1.425 \\ 0.771 & 1 & 0.819 & 1.099 \\ 0.942 & 1.222 & 1 & 1.343 \\ 0.702 & 0.910 & 0.745 & 1 \end{pmatrix}。$$

接着按行对 M_1、M_2、M_3、M_4、M 中各分量做乘法，求每行乘积数的几何平均数，如此可以分别得到 3 维、9 维、6 维、10 维和 4 维 5 个列向量，这其中 A_1—A_4 中的各分量分别与各二级指标的权重相对照，A 中各分量则分别与各一级指标的权重相对照。

$A_1=(1.674\quad 0.789\quad 0.757)'$；

$A_2=(1.165\quad 1.190\quad 1.480\quad 0.803\quad 0.916\quad 0.780\quad 0.999\quad 1.033$
$0.823)'$；

$A_3=(0.739\quad 0.741\quad 1.012\quad 1.173\quad 1.942\quad 0.792)'$；

$A_4=(1.157\quad 1.024\quad 0.863\quad 1.043\quad 0.961\quad 1.010\quad 0.887\quad 1.022$
$1.090\quad 0.976)'$；

$A=(1.183\quad 0.913\quad 1.115\quad 0.831)'$。

再对以上 5 个列向量进行归一化处理，这样最终得到各评价指标的权重向量 A_1'、A_2'、A_3'、A_4' 及权重集 A'。其中归一化处理后的五个列向量各分量与权重相对照的情况同上所述。

$A_1'=(0.520\quad 0.245\quad 0.235)'$；

$A_2'=(0.127\quad 0.13\quad 0.161\quad 0.087\quad 0.100\quad 0.085\quad 0.109\quad 0.112\quad 0.090)'$；

$A_3'=(0.115\quad 0.116\quad 0.158\quad 0.183\quad 0.303\quad 0.124)'$；

$A_4'=(0.115\quad 0.102\quad 0.086\quad 0.104\quad 0.096\quad 0.101\quad 0.088\quad 0.102\quad 0.109$
$0.097)'$；

$A'=(0.293\quad 0.226\quad 0.276\quad 0.206)$。

此外，为了衡量权重赋值的合理性，研究中笔者对判断系数矩阵 $M_i(i=1,2,3,4)$ 及 M 作了一致性检验，检验结果由公式 $CR=CI/RI$ 给出，这其中 $CI=(\lambda_{max}-n)/(n-1)$（$\lambda_{max}$ 为判断矩阵的最大特征值，n 则表示判断矩阵的阶数），RI 为判断系数矩阵 $Mi(i=1,2,3,4)$ 及 M 的随机一致性指标，其值可由 RI 值表查得，见表 3.27。

表 3.27　平均随机一致性指标 RI 的取值

维数 n	1	2	3	4	5	6	7	8	9	10
RI 值	0	0	0.58	0.90	1.12	1.24	1.32	1.41	1.45	1.49

检验结果见表 3.28。当 $CR<0.1$ 时，表明判断矩阵具有满意的一致性；否则，判断矩阵需要相应调整。另外，需要说明的是，判断系数矩阵的最大特征值通过数值分析软件 Matlab7.8 求得。

表 3.28　判断系数矩阵一致性检验结果

矩阵	RI	λ_{max}	CI	CR	结果
M_1	0.58	2.99987	−6.25142E−05	−0.00043	通过检验
M_2	1.45	8.99980	−2.49237E−05	−0.00110	通过检验
M_3	1.24	6.00014	2.82545E−05	0.00057	通过检验
M_4	1.49	10.00014	1.59355E−05	0.00087	通过检验
M	0.90	4.00012	3.92223E−05	0.00039	通过检验

4. 建立评价矩阵

现代农业产业技术体系外农户在评价指标所涉及的每个选项上所获得分即是其在对应评语等级上的投票表决，而后分别统计不同评语等级上的所得投票数，以此票数除以有效样本总数（67 份固定观察点农户问卷）即可得出对应指标的判断系数（按照 V_5—V_1 的顺序给出）。

所有指标的判断系数即构成了模糊评价判断系数矩阵 R，由此各组成因子对应的模糊评价判断系数矩阵分别为：

$$R_1 = \begin{pmatrix} 0.045 & 0.075 & 0.090 \\ 0.194 & 0.194 & 0.254 \\ 0.388 & 0.373 & 0.358 \\ 0.313 & 0.299 & 0.224 \\ 0.060 & 0.060 & 0.075 \end{pmatrix};$$

$$R_2 = \begin{pmatrix} 0 & 0.075 & 0.030 & 0.060 & 0.015 & 0.030 & 0.134 & 0.030 & 0 \\ 0.194 & 0.448 & 0.299 & 0.313 & 0.194 & 0.209 & 0.284 & 0.119 & 0.194 \\ 0.343 & 0.254 & 0.358 & 0.254 & 0.403 & 0.209 & 0.239 & 0.269 & 0.299 \\ 0.343 & 0.134 & 0.299 & 0.284 & 0.343 & 0.448 & 0.224 & 0.448 & 0.418 \\ 0.119 & 0.090 & 0.015 & 0.090 & 0.045 & 0.104 & 0.119 & 0.134 & 0.090 \end{pmatrix};$$

$$R_3 = \begin{pmatrix} 0.060 & 0.090 & 0.164 & 0 & 0.269 & 0 \\ 0.313 & 0.448 & 0.269 & 0.164 & 0.209 & 0.119 \\ 0.373 & 0.239 & 0.239 & 0.343 & 0.254 & 0.254 \\ 0.209 & 0.209 & 0.284 & 0.403 & 0.194 & 0.522 \\ 0.045 & 0.015 & 0.045 & 0.090 & 0.075 & 0.104 \end{pmatrix};$$

$$R_4 = \begin{pmatrix} 0.134 & 0.075 & 0.030 & 0.149 & 0.134 & 0.075 & 0.104 & 0.015 & 0.015 & 0.015 \\ 0.254 & 0.284 & 0.388 & 0.328 & 0.179 & 0.328 & 0.239 & 0.119 & 0.119 & 0.134 \\ 0.313 & 0.239 & 0.269 & 0.239 & 0.313 & 0.373 & 0.373 & 0.269 & 0.313 & 0.433 \\ 0.254 & 0.328 & 0.269 & 0.224 & 0.299 & 0.209 & 0.239 & 0.478 & 0.433 & 0.358 \\ 0.045 & 0.075 & 0.045 & 0.060 & 0.075 & 0.015 & 0.045 & 0.119 & 0.119 & 0.060 \end{pmatrix}。$$

5. 给出模糊评价结果

综上所述，将由公式 $W_i = R_i \times A_i$ 给出一级指标的模糊综合评判集：

其中，$W_1 = (0.063 \quad 0.208 \quad 0.377 \quad 0.289 \quad 0.064)$；

$W_2 = (0.042 \quad 0.257 \quad 0.297 \quad 0.318 \quad 0.086)$；

$W_3 = (0.125 \quad 0.239 \quad 0.280 \quad 0.290 \quad 0.066)$；

$W_4 = (0.075 \quad 0.226 \quad 0.312 \quad 0.311 \quad 0.061)$；

$$W = (W_1, W_2, W_3, W_4) = \begin{pmatrix} 0.063 & 0.042 & 0.125 & 0.075 \\ 0.208 & 0.257 & 0.239 & 0.226 \\ 0.377 & 0.297 & 0.280 & 0.312 \\ 0.289 & 0.318 & 0.290 & 0.311 \\ 0.064 & 0.086 & 0.066 & 0.061 \end{pmatrix}。$$

最终将由 $F = W \times A$ 确定现代农业产业技术体系协同创新绩效的模糊评价矩阵，则有：

$$F = \begin{pmatrix} 0.063 & 0.042 & 0.125 & 0.075 \\ 0.208 & 0.257 & 0.239 & 0.226 \\ 0.377 & 0.297 & 0.280 & 0.312 \\ 0.289 & 0.318 & 0.290 & 0.311 \\ 0.064 & 0.086 & 0.066 & 0.061 \end{pmatrix} \times \begin{pmatrix} 0.293 \\ 0.226 \\ 0.276 \\ 0.206 \end{pmatrix} = \begin{pmatrix} 0.078 \\ 0.232 \\ 0.319 \\ 0.301 \\ 0.069 \end{pmatrix}。$$

接着按表 3.26 给出的折算标准进行折算，V_1 评价按 90 分值折算，V_2、V_3、V_4、V_5 则分别按 80、70、60、50 分值来折算，则基于模糊评判模型的现代农业产业技术体系协同创新绩效最终得分为：

$0.780 \times 90 + 0.232 \times 80 + 0.319 \times 70 + 0.301 \times 60 + 0.069 \times 50 = 69.42$。

从得分的隶属度看，仅 7.80% 比例给出的是 V_1 评价，给出 V_3 和 V_4 评价的比例相对较高，分别为 31.90% 和 30.10%，由此可见基于固定观察点农户数据的绩效评价表明现代农业产业技术体系协同创新还有较大优化空间。

（四）简要结论

通过上述分析得到以下结论：

第一，现代农业产业技术体系协同创新绩效评价的体系外角度（固定观察点农户）可由经济效益因子、社会效益因子、生态效益因子、可持续发展能力因子四个主要部分构成，其中经济效益因子、可持续发展能力因子和社会效益因子贡献较大，方差贡献率依次为 19.54%、11.53% 和 11.27%，生态效益因子解释力度较小，不足 8% 的比例，这给予的政策启示是：在现代农业产业技术体系协同创新项目开展最大受益者看来，相较生态效益来说，现代农业产业技术体系协同创新项目开展带来的经济效益、可持续发展能力及社会效益变化对用户影响更大。

第二，利用农户固定观察点数据，基于综合模糊评价结果表明当前现代农业产业技术体系协同创新项目开展对体系外用户影响仍较小，外部主体对其整体评价水平不高。该项研究最终得出现代农业产业技术体系协同创新绩效得分为 69.42 分，介于 65—75 分之间，按照表 3.26 的评价标准，综合评价仅为"一般"。

第三，经济效益与生态效益建设应成为现代农业产业技术体系服务农业农村发展的重点。该结论通过对模糊评价判断系数矩阵 R_i（i=1,2,3,4）相关处理后得出。具体的处理过程为：将模糊评价判断系数矩阵 R_i（i=1,2,3,4）中的元素按行求出均值，得到各评语集的平均比例数，其中第一行值表示 V_5 等级及其比例数，第二行表示 V_4 等级及其比例数，依次类推。最终结果表明，体系外给予现代农业产业技术体系协同创新绩效在社会效益因子和可持续发展能力因子的评价更多地体现在 V_1—V_2 等级上，该表现要优于经济效益因子和生态效益因子的等级分布状况。出现该结果可能的原因在于：一方面，现代农业产业技术体系作为一项国家财政支持的公益性事业，其建立的初衷是为广大民众的社会利益服务的，至于体系协同创新到底能发挥多大的经济效益则暂时处于从属地位；另一方面，当前现代农业产业技术体系协同创新项目开展中更多的关注产业技术的研发、集成与示范，加之现代农业产业技术体系启动时间不长，其影响范围还有待扩大，因此生态效益因子也仅是现代农业产业技术体系协同创新的一个分目标，尚未提升到核心目标的层次。当然随着现代农业产业技术体系协同创新机制的日臻完善，其必将发挥更大的经济、社会和生态效益。

本章通过分析现代农业产业技术体系协同创新项目开展下农户行为得知：（1）农户技术需求呈多样化态势，其中良种、病虫害防治、轻简化栽培技术、管理技术是农户最迫切需求的农业生产技术。另外，不同省区农户技术需求率差异较大，即使是同一省区，对不同种类技术的需求率差别也较大；因此，推广农业技术的种类与方式不能千篇一律或"一刀切"，而必须与生产实际和栽培品种的特点相结合。（2）总体来看，现代农业产业技术体系协同创新下农户市场流通认知程度不高，具体表现在：①农产品流通渠道呈多元化，但农户对现代流通方式利用不够；②农产品市场价格信息缺乏，农户个体认知差异较大；③流通及交易环节认知不足，农民市场地位较弱；④流通前期管理方式粗放，农产品附加值提升受限。此外，研究还发现农户户主年龄、农户村庄道路类型、农户户主文化程度对农户农产品市场流通的认知有重要影响。（3）谈及农户是否有加入当地协会组织的情况时，大多数农户表示未加入协会组织中，占到受访农户总数的50.40%，达246人，当地没有协会组织和对协会组织不了解被告知是最主要的两个原因。另外，在探求影响农户参与社会化组织的因素后发现，农业生产规模、销售难易程度、是否进行林改等因素对其影响显著。

模糊综合评价研究还发现：（1）从固定观察点农户视角看，现代农业产业技术体系协同创新绩效评价体系可由经济效益因子、社会效益因子、生态效益因子、可持续发展能力因子4个主要部分构成，其中经济效益因子、可持续发展能力因子和社会效益因子贡献较大，方差贡献率依次为19.54%、11.53%和11.27%，生态效益因子解释力度较小，不足8%的比例。（2）该研究评价得出现代农业产业技术体系协同创新绩效最终得分为69.42分，介于65—75分之间，按照表3.26的评价标准，综合评价仅为"一般"，表明外部主体对其整体评价水平并不高。（3）经济效益与生态效益应成为现代农业产业技术体系服务农业农村发展的重点。

第四章　现代农业产业技术体系协同创新的利益主体博弈行为分析

通过前述的研究内容已基本了解现代农业产业技术体系组织结构、日常管理、体系文化建设、知识产权管理、人才选聘及激励机制等方面的运行状况，并通过现代农业产业技术体系内成员的统计资料与体系外固定观察点农户数据就体系协同创新绩效进行了测度。总体而言，当前现代农业产业技术体系建设上还不够成熟，协同创新绩效还有较大提升空间。本章将就现代农业产业技术体系协同创新的"市场结构"及利益主体博弈行为特征进行分析，以期从体系协同创新相关利益主体行为因素角度上给予现代农业产业技术体系高效运行以一定启示。

一、现代农业产业技术体系协同创新"市场"的结构分析

现代农业产业技术体系作为一个庞大的农业科技服务网络，一方面有着自身的运行规则，如规章制度、契约关系；另一方面体系协同创新需要众多的人、财、物的广泛参与，这样一个巨型科技服务网络就好比一个农业科技项目运转的"市场"。以下内容就是对该"市场"的结构及特征进行的分析。

（一）现代农业产业技术体系协同创新的组织结构

按照现代农业产业技术体系现有框架，其基本的组织构成包括：政府（第一委托人或业主），主要包括农业农村部、财政部等部门（该"主体"负责公共财政的科技投入，并就项目开展实施的最终成果拥有所有权）、农业科技项目执行层（政府相关部门就项目开展委托的代理人，如现代农业产业技术体系中的 B、部分 A 及少数 C，该"主体"对项目开展具有执行、表决权利，是体系各项事业开展的核心及中枢）、农业科技项目实施层（执行层的代理人，负责现代农业产业技术体系的具体运行与实施，包括团队成员、依托单位在项目实施中从事管理的人员、部分体系外科技人员及其他相关人员）。为此，通过以上分析，现代农业产业技术体系的组织结构可以大致简化为：业主和其委托的执行层以及具体实施层三个"利益主体"围绕现代农业产业技术体系的协同创新开展的博弈。

（二）现代农业产业技术体系协同创新"产品"的公益性及不易量化性

按照政治经济学的观点，政府机构是民众选举产生的代表，其行政职权来自民众的授权或者委托，而政府作为民众的代理人，其受委托参与社会管理，提供社会公共服务，并具备相应的行政职权。现代农业产业技术体系作为由农业农村部、财政部等部委联合启动实施的服务于农村经济社会事业的巨大科技服务网络，具有典型的公共物品属性，体系经费主要来自国家财政划拨，最终形成的产品、技术及服务也因具有社会、生态、经济等方面的多重效益而不易直接量化。现代农业产业技术体系协同创新的成果因其公益性特质会发生外溢，而现代农业产业技术体系外的农户、涉农企业、协会等部门将是其最终的受益者。

（三）投资品及成果的专属性

现代农业产业技术体系协同创新需要较多的科技人力、物力和财力资源的投入，这些资源品的投入主要由公共财政承担；因此，现代农业产业技术体系运行所获得的物质品、智力成果及无形资产的所有权应归属国家，国家拥有对其占有、使用、处置及收益的权利，其他主体不得侵犯。此外，其他主体经国家有关部门授权，可以将上述成果在一定时间和空间范围内使用。

（四）运行监管及奖罚惩处机制

现代农业产业技术体系作为一个重大的农业科技项目，其是在中国现有的科研管理机制下寻求的农业科技服务农业农村社会发展的新路径，是一种有益的尝试。该项目的开展有着严格的规章制度，在组织架构、人员构成、日常管理、经费管理、知识成果管理、体系文化和奖惩机制建设、信用评价方面有着相应的规定。譬如，在体系人员构成上设置有相应的准入门槛，以保证现代农业产业技术体系吸纳的人才为农业育种、装备制造、病虫害防控、产业经济等专门领域的顶尖专家，另外，体系的淘汰机制也较为健全，管理办法规定提供技术的主体在一个合同期内考核不合格将被给予整顿、黄牌警告直至强令退出的处罚，这样能以退出体系的高风险、高成本性确保体系协同创新取得实效。

二、"市场"中不同主体的行为特征

现代农业产业技术体系协同创新成果属公共物品，具有非排他性和非竞争性。现代农业产业技术体系协同创新绩效好坏在于，市场能否在项目运行的投入及成果的公共属性前提下，有效配置现代农业产业技术体系协同创新的各项资源，这是非常关键的因素。然而，由于政府部门与其委托的执行层间存在信息的不对称及利益不一致等问题，致使项目"市场"运行出现的问题得不到及时纠偏，出现市场失灵进而导致政府失灵；项目协同创新合约履行与奖惩机制尚不健全、知识产权保护力度有限，使得体系协同创新的执行层与实施层"出人不出力"，道德风险事件时有发生，影响了现代农业产业技术体系的顺畅运行。现代农业产业技术体系协同创新绩效的提升既要从政府管理部门找原因，还要对项目"市场"执行层和实施层的行为过程及特点加以关注。

（一）体系协同创新绩效不高的政府部门层面原因分析

政府部门是现代农业产业技术体系协同创新实施的决策和监管主体，其通过国家财政资金投入和制度规范等促进和保障现代农业产业技术体系的顺畅运转，制约与规范项目运行"市场"中执行层和实施层等主体的行为。现代农业产业技术体系运行"市场"中政府部门居于优势地位，其在项目开展实施过程中的利益取向主要包括：一是引导公共财政资金、农业科技资源与智力资源投向，以推动农业技术进步，带动农业综合生产能力的提高，最终改善农业产业效益，提升农民收入水平；二是优化农业产业布局，全面提升农业产业竞争实力，以达到保障产业安全的目的；三是提升农业的可持续发展能力和人民群众对政府的满意程度，这是其最核心的利益诉求。政府部门的以上利益导向决定其在项目运行及管理中的行为特质。

尽管中国农业科研管理体制日趋完善，但当前现代农业产业技术体系仍存在诸多问题，体系协同创新的综合效益尚未得到充分发挥，在具体的管理机制上表现为：纵向管理体制不健全；政府部门在项目实施过程中存在监管缺位、制约力有限问题；不同子体系内外部公共交流平台建设存在缺陷，履约机制与考核体系尚不完备，导致现代农业产业技术体系协同创新绩效不能得到合理判断，资源呈现不同程度的浪费，优化配置更无从谈起；另外，国家财政资金长期以来"重投入，轻管理"的分配误区在现代农业产业技术体系中也表现得较为明显；若在制度层面上不加以严格规范，当前体系协同创新绩效不高的局面无法彻底扭转。

（二）体系协同创新绩效不高的执行层面原因分析

项目"市场"执行层作为现代农业产业技术体系的执行者，主要通过合约激励、团队文化建设来及时纠正项目运行与预期轨道的偏离，推动体系资源在团队中合理配置，实现自我与团队成员的科研价值。项目"市场"执行层在现代农业产业技术体系协同创新及实施博弈中的利益取向主要包括：一是激励团队成员各安其职，积极开展科研工作，最大化提升团队美誉度；二是保障现代农业产业技术体系目标顺利实现，应对政府的绩效考核，进而持续获得政府资助；三是通过资源优势整合，利用项目开展所产生的优良成果积极服务农村经济社会事业发展，改善居民收入结构，促进当地居民生活质量的提升。项目"市场"执行层的上述目标取向和行为方式是现代农业产业技术体系协同创新绩效高低的重要影响变量。

当前，由于现代农业产业技术体系管理机制尚不健全和项目"市场"执行层利益取向上的差异造成项目协同创新绩效不高。尽管强制命令、熟人关系等传统的团队合作手段存在短期内将团队成员拧成一股绳的可能性，然而长期来看合约不规范、团队愿景缺失及激励惩罚机制的不健全有可能造成不平等的契约关系，伤害团队成员的工作积极性，进而潜在影响项目协同创新的整体绩效，是饮鸩止渴之举。现代农业产业技术体系应在现有的科研管理体制下，遵循市场经济规律，广泛借鉴、兼收并蓄不断修正既有规范，努力创新管理机制，寻求执行层利益取向与整个项目"市场"协同创新的契合点，最大化发挥体系协同创新效益。

（三）体系协同创新绩效不高的实施者层面原因分析

团队成员、依托单位在项目实施中从事管理的人员、部分现代农业产业技术体系外科技人员及其他相关人员等项目实施层级是现代农业产业技术体系的具体实施者，物质上的绩效可能是其追求的核心目标，其次才是团队利益与自我价值实现，这一价值取向亦成为体系的项目"市场"该层级进行博弈决策的依据。

团队成员等项目实施者在项目运行的行为特征受项目"市场"业主——政府部门和项目"市场"执行层的制度规范、科研管理体制、体系目标及任务的影响较大，该层级在项目运行博弈中处于相对弱势的从属地位。然而其追求自身效益最大化的本质属性及项目运行投入的公共性，导致项目实施层或不合理支配体系资源或出工不出力，影响了项目协同创新的整体绩效。另外，现代农业产业技术体系协同创新"市场"诸利益主体信息的不对称及项目运行的显著"外溢"特性，在当前政府科研管理体制和体系协同创新机制的不健全的现状下，致使"有限理性"的实施层级在面对诸多不确定性和风险因素的条件下，选择实施的行为也往往是非理性和短视性的，具体表现在不积极履行合约规定，不执行严格的经费管理和知识产权保护制度，这些情况都制约着体系协同创新绩效的发挥，从长远来看不利于相关财政科技投入项目的开展。

综上所述，当前现代农业产业技术体系协同创新绩效不高的关键在于：项目运行投入品及产出品的公共物品属性致使项目"市场"中的政府部门、执行层、具体实施层的互动机制尚不协调，三方间的博弈尚未进入良性轨道，这在各主体间的利益诉求差异上体现得尤为明显。

三、现代农业产业技术体系协同创新"市场"中三方博弈分析

从上文对现代农业产业技术体系协同创新绩效不高的原因分析得知，利益主体的行为特征是影响绩效的重要因素，具体体现在：政府主管部门相应的管理制度不完善，监管上存在漏洞较多；项目"市场"执行层上相应的体系文化建设滞后，合约履行及奖惩机制不健全，有效激励的缺失使得项目执行层积极性并不高，出工不出力现象时有发生；项目实施层对体系目标认知不够，团队认同感不太强烈，加之管理上存在较大的信息不对称等问题，实施层面临"干与不干一个样，干多干少一个样"的现实窘境，加之当前依托单位的职称评聘标准不一，致使现代农业产业技术体系任务终难上升为个人事业的奋斗目标。优化现代农业产业技术体系协同创新格局是一个系统性工程，除了团队实施层与执行层转变工作作风外，更是离不开政府部门在政策层面上的规范引导。项目"市场"业主单位——政府部门通过完善体系协同创新的规章制度用以规范和约束项目执行层和实施层的行为，在既有的公共财政投入格局下，通过优化整合优势人力、物力和财力资源，最大化发挥各主体的积极性从而创造出巨大效益；项目市场执行层则在政府相关科研管理机制和办法的框架内，积极营造体系文化，规范合约的履行，奖优罚劣以激励团队成员积极参与体系建设，扩大科研

共同体的影响范围。所以，现代农业产业技术体系协同创新管理与机制完善过程中始终存在着政府主管部门、项目执行层和实施层的三方博弈，见图4.1。

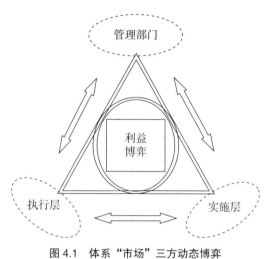

图 4.1　体系"市场"三方动态博弈

（一）博弈模型构建

认定现代农业产业技术体系协同创新管理与机制完善过程中政府主管部门、项目执行层和实施层都是"理性经济人"，政府主管部门追求区域经济社会可持续发展从而实现经济效益、社会效益和生态效益总和的最大化，项目执行层追求产业布局优化及农村社会发展等经济和社会效益的极大化，而项目实施层则较多重视自身或依托单位等物质化利益的增长，在此称作"经济收益最大化"。

为便于下文研究的开展，分别采用 G、Z、S 表示政府主管部门、项目执行层和项目实施层三个项目"市场"的利益主体。

1. 利益相关者博弈分析假设一

假定在现代农业产业技术体系运行上项目"市场"获得的总收益

中，政府管理部门将因项目建设与运行发挥绩效获得民众支持率上升的政治利益，因此并不参与项目"市场"的收益分配，而项目实施者能获得的收益比例为 α，显然项目实施者不能独享现代农业产业技术体系协同创新项目开展的全部收益，故 α 置于（0—1）的区间；项目执行层将获得 $1-\alpha$ 比例的项目"市场"收益，项目执行层作为农业产业的科技生力军，其积极地参与现代农业产业技术体系建设有利于增强产业素质，扩大农业产业竞争实力。由于项目执行层除了参与现代农业产业技术体系运行与管理外，还承担着其他工作任务（有的因为体系工作还要承担自己熟悉领域外的工作），比如：执行层中的成员有的在所在单位从事行政职务，有的需要承担诸如国家自然科学基金项目、973、863、948 等科研任务，由于个人精力有限，这必然会影响到其他工作开展的质量，因此假定项目执行层参与现代农业产业技术体系建设努力的机会成本为 β，也即因参与体系建设而影响到其他工作开展带来的收益率，与此同时实施层参与现代农业产业技术体系协同创新而努力的机会成本率为 γ；政府部门为保障项目的顺畅运行向项目执行层与项目实施层提供了 η 比率的物质激励。

2. 利益相关者博弈分析假设二

假定影响现代农业产业技术体系运行"市场"总体效益的因素包括政府主管部门对项目开展的努力程度 e_G，项目执行层的努力程度 e_Z 和项目实施层 S 的努力程度为 e_S（可以预见项目执行层与项目实施层在现代农业产业技术体系协同创新下的努力的意愿与程度大小，决定着项目协同创新绩效在两者间的分配比例，即影响着 a 的大小）。假定通过政府主管部门 G、项目执行层 Z 和项目实施层 S 的投入相应的人力、物力、财力或"努力"后，所带来的项目"市场"协同创新总体效果 R'（该效果是现代农业产业技术体系协同创新社会总体效益 R 的一部分，姑且假设为 R 的 ε 比例，当然这并不是该节内容分析的重点），R' 是 e_G、e_Z、e_S 变量的增函数，且 R' 函数符合边际收益递减规律，另外，由于现代农业产业技术体系协同创新是一个庞大的系统工程，若政府管理部门、项目执行层、项目实施层中的任意主体不能持续提供有效努力，现代农业产业技术体系这一重大农业科技项目运行就难以发挥其功效，则项目"市场"获得收益将趋于零，用数学公式表达为：$R'(0,e_z,e_s)=R'(0,e_z,e_s)=R'(e_G,e_z,0)=R'(0,E_Z,0)=R'(E_G,0,0)=R'(0,0,0)=R'(0,0,E_S)=0$。政府管理部门、项目执行层、项目实施层在现代农业产业技术体系协同创新项目开展中投入成本依次是 $C(e_G)$、$C(e_z)$、$C(e_S)$，这三个成本函数都符合边际投入递增规律，用数学公式表达为 $C'(e_G)>0$：且 $C''(e_G)>0$；$C'(e_Z)>0$ 且 $C''(e_Z)>0$；$C'(e_S)>0$ 且 $C''(e_S)>0$。

根据以上分析，政府管理部门 G、项目执行层 Z、项目实施层 S 在现代农业产业技术体系进行中的收益函数分别为：

$$W_G = (1-\eta)R'(e_z,e_z,e_s) - C(e_G) \tag{4.1}$$

$$W_Z = (1-\alpha)(1+\eta)R'(e_G,e_z,e_s) - (1+\beta)e_z - C(e_z) \tag{4.2}$$

$$W_S = \alpha(1+\eta)R'(e_G,e_z,e_s) - (1+\gamma)e_z - C(e_s) \tag{4.3}$$

（二）现代农业产业技术体系协同创新"市场"的三方博弈模型分析

政府管理部门 G、项目执行层 Z、项目实施层 S 在现代农业产业技术体系协同创新过程的博弈中，政府管理部门为了加快促进现代农业产业技术体系的建设会对项目执行层 Z、项目实施层 S 给予相应的政策扶持和资金支持；项目执行层 Z 则在当前农业科技项目管理体制框架内，选择合适的项目实施团队或项目建设的依托单位，并积极营造奖优罚劣的和谐体系文化，引导项目实施者按时保质保量的履行合约任务。项目执行层作为政府部门在项目运行过程中的代理人，对体系各子项目协同创新的实施主体享有充分的管理与监督建议权，其收益函数中已经包含了项目实施层的行为要素。实际上，可以认为现代农业产业技术体系协同创新的实施者，其行为受到了政府管理部门和项目执行层的双重管理与监督。考虑到现代农业产业技术体系协同创新三方利益主体的博弈是一个动态的过程，为便于动态博弈的均衡结果的求解，文中引入了逆向归纳的方法。

虽然政府管理部门 G、项目执行层 Z、项目实施层 S 在现代农业产业技术体系协同创新过程中决策行为不具有同时性，但由于一方面，主体行为信息的不对称性致使政府管理部门与项目执行层均无法直接观察到项目实施层在项目建设中的真实努力程度；另一方面，政府管理部门与项目执行层在作出具体的决策行为时，项目实施层的决策行为并不具有明显的超前性或滞后性，因而在三方动态博弈模型中认定政府管理部门 G、项目执行层 Z、项目实施层 S 的行为具有同时性。对式（4.1）、式（4.2）和式（4.3）求一阶导数可得式（4.4）、式（4.5）和式（4.6），这三个式子依次对应着政府管理部门、项目执行层、项目实施层对现代农业产业技术体系协同创新投入努力的最大化收益函数。

首先，考虑政府部门在科研管理机制建设、产业政策扶持公共财政支持等方面对现代农业产业技术体系协同创新项目开展给予的最优投入决策时的情况。见式（4.4）。

$$\frac{dW_G}{de_G} = (1-\eta)\frac{dR'}{de_G} - C'(e_C) = 0，\ 即(1-\eta)\frac{dR'}{de_G} = C'(e_C) \qquad （4.4）$$

式（4.4）为政府管理部门 G 在现代农业产业技术体系运行的最优决策，其给予项目执行层与项目实施层的物质激励在短期内可能将削弱政府管理部门参与项目建设的积极性，但是因为现代农业产业技术体系作为一项公益事业，政府在其运行过程中更多从长期考虑农业技术进步、农业产业的可持续发展、农村生态环境的改善等综合性效益，此时短期的经济效益并非政府管理部门追求的重点内容，因而政府部门所提供的公共服务与政策支持是有效的。

其次，项目执行层在现代农业产业技术体系协同创新项目开展中"努力"投入的决策。见式（4.5）。

$$\frac{dW_Z}{de_Z} = (1-\alpha)(1+\eta)\frac{dR'}{de_Z} - (1+\beta) - C'(e_Z) = 0，也即：$$

$$(1-\alpha)(1+\eta)\frac{dR'}{de_Z} = (1+\beta) + C'(e_Z) \tag{4.5}$$

式（4.5）是项目执行层 Z 在现代农业产业技术体系协同创新的最优投入决策，表示项目执行层获得的项目"市场"运行的总收益份额乘以投入的边际收益等于资金、技术及经费投入的机会成本。假设项目执行层获得的总收益份额是保持不变的，则当项目执行层在资金、技术及经费投入上的机会成本越高时，则其相应的努力程度将会越低。

再次，项目实施层在现代农业产业技术体系协同创新的项目开展最优决策对应着式（4.6）所表达的行为状况。

$$W_S = \alpha(1+\eta)R'(e_G, e_Z, e_S) - (1+\gamma)e_Z - C(e_S)$$

$$\frac{dW_S}{de_S} = \alpha(1+\eta)\frac{dR'}{de_S} - (1+\gamma) - C'(e_S)，也即\alpha(1+\eta)\frac{dR'}{de_S} = (1+\gamma) + C'(e_S)$$

$$\tag{4.6}$$

式（4.6）是项目实施层 S 在现代农业产业技术体系协同创新的最优投入决策，一方面当项目实施层在体系协同创新过程获得的收益份额或来自政府管理部门的物质激励比率提高时，项目实施层将愿意付出更多的努力来推动现代农业产业技术体系的协同创新；然而另一方面，决策式（4.6）还表示实施层获得的项目协同创新的总收益份额乘以投入的边际收益等于资金、技术及经费投入的机会成本。假设项目实施层所获得的总收益份额是保持不变的，则当项目实施层在资金、技术及经费投入上的机会成本越高时，则其相应的努力程度将会越低。因此，项目实施层为推进现代农业产业技术体系协同创新所付出的努力与收益分配份额和物质激励比例提高呈正向关系，与资金、技术及经费投入机会成本的提高呈反向关系。

（三）三方动态博弈模型的均衡解

按照上文的分析，政府管理部门、项目执行层、项目实施层中的任意主体不能持续提供有效的努力，现代农业产业技术体系这一重大农业科技项目协同创新目标都将难以实现，用数学公式表达为：

$$R'(0, e_Z, e_S) = R'(e_G, 0, e_S) = R'(e_G, e_Z, 0) = R'(0, 0, 0) = 0 \qquad （4.7）$$

当 e_Z 趋于零，表示项目执行层缺乏参与推进现代农业产业技术体系协同创新的动力，则项目实施者将无法明晰体系目标，并缺乏有效的监督及激励，为此在该种状况下理性的项目实施者将不会提供任何"努力"，最终政府管理部门在推进现代农业产业技术体系协同创新项目开展中所作出的政策制定、产业及资金扶持、物质激励等"努力"将丧失功效，故而 $e_Z = e_S = e_G = 0$，$R = 0$ 将是动态三方博弈的一个均衡解，这在理论上是成立的，然而在现实环境中，由于在现代农业产业技术体系协同创新的推进过程中执行层终究能获得比例为 $\lambda = 1 - \alpha$ 的收益份额，为此执行层会选择在项目协同创新会努力进行人力、财力、物力、信息等方面的投入，同时也不会放弃其对项目实施层的监督权力（即

$e_Z>0$)。

据前文的分析，当 $e_Z>0$ 时，政府管理部门的努力程度 e_G 和项目实施者的努力程度 e_S 的确定将成为该文下面研究关注的重点内容。在 $e_Z>0$ 的情况，先确定参与现代农业产业技术体系建设的收益函数 W_Z，然后分别就政府管理部门和项目实施层的收益函数，自变量 e_G、e_S 分别取的二阶导数，得到式（4.8）和式（4.9）：

$$\frac{d^2 W_G}{de^2{}_G} = (1-\eta)\frac{d^2 R'}{de^2{}_G} - C''(e_G) \qquad （4.8）$$

$$\frac{d^2 W_S}{de^2{}_S} = \alpha(1+\eta)\frac{d^2 R'}{de^2{}_S} - C''(e_S) \qquad （4.9）$$

由于政府管理部门、项目执行层、项目实施层的目标收益函数 R' 对于各主体的努力投入 e_G、e_Z、e_S 来说都满足边际收益递减规律，因此有 $\frac{d^2 R'}{de^2{}_G}<0$ 和 $\frac{d^2 R'}{de_S^2}<0$，此外政府管理部门、项目执行层、项目实施层三方利益相关主体的成本函数满足边际成本递增规律，因此还有 $c''(e_G)>0$、$c''(e_S)>0$ 且同时有 $0<\alpha<1$、$0 \leqslant \eta \leqslant 1$。据此有：$\frac{d^2 W_G}{de_G^2}<0$ 和 $\frac{d^2 W_S}{de_S^2}<0$。

综合上文分析，认定现代农业产业技术体系运行政府管理部门与项目实施层的收益函数为过原点的严格凹函数，为此政府管理部门、项目执行层、项目实施层三方收益的博弈模型除原点 N（$e_G=0,e_Z=0,e_S=0$）外还存在另外一个均衡点 M。三方博弈模型求解的均衡结果表明：一方面当政府管理部门、项目执行层、项目实施层三方在博弈过程中任何一方放弃努力，现代农业产业技术体系的协同创新目标都将无法实现；另一方面当博弈的三方在现代农业产业技术体系协同创新项目开展中努力程度均显著异于零时，在理论上完全可以实现现代农业产业技术体系的最终创新目标，长远上看，现代农业产业技术体系协同创新绩效的提升是满足三方的利益诉求的，对于政府管理部门而言有助于提升其公众形象，对于项目执行层而言有利于扩大其科研共同体和所在产业的影响，对于项目实施层来说则能收获科研价值的实现，此外还能提高自身的物质待遇。要说明的是，在实际操作中只有逐步健全农业科技项目管理机制，优化资源的配置结构，另外，政府部门、项目执行层和项目实施层还要统一思想各尽其责，推进现代农业产业技术体系建设步入良性轨道，最终才能实现现代农业产业技术体系协同顺畅高效这一多方共赢的局面。

本章内容就现代农业产业技术体系运行"市场"特征及利益主体构成进行了分析，研究结果表明由于政府管理部门、项目执行层和项目实施层目标函数或价值取向的不一致性，再加之委托—代理人间信息上的不对称，致使三方的动态博弈关系中存在诸多的不确定性风险，进而影响到了现代农业产业技术体系协同创新绩效的提高。最终通过三方博弈模型均衡解给予的启示是：三方只有在现有的农业科技管理机制和体系内部管理规范指导下共同努力，才能最终实现共赢的局面。

第五章　现代农业产业技术体系协同创新绩效的提升策略

　　前述内容就现代农业产业技术体系组织架构、协同创新绩效及利益主体博弈行为特征等方面进行了研究和分析，已经较为全面系统的把握了现代农业产业技术体系运行状况，本章内容则考虑分析和比较相关国家在农业产业技术体系建设与公共财政支持方式的典型经验，这些成熟经验的凝练无疑对国家现代农业产业技术体系协同创新绩效的提升具有重要的借鉴意义。本章将先对美国、以色列、泰国和阿根廷四个具有代表性的国家的农业技术体系的组织机构、特点和运行机制等方面进行分析和比较，而后在总结相关经验基础上，从中归纳具有启示性的一般规律，这能为中国现代农业产业科学技术体系建设提供诸多参考。本章后半段在前述章节分析基础上给出了提升中国现代农业产业技术体系协同创新绩效的相关策略。

一、国际典型经验的分析比较与借鉴

（一）美国农业产业技术体系建设状况及经验

　　美国是世界上农业最为发达的国家，其利用仅占全球13%的耕地产出了占全世界农业总产值12.6%的农产品，该国农业年产值占到工农业生产总值的 16%，农业总资产更是高达 1.1 万亿美元，相当于该国工业总资产的 70%。美国农业不仅养活了 3 亿美国人，还将该国打造为全球最大的农产品出口国，农业已与工业一样，成为该国强大的现代基础性产业支柱之一，如果没有强大的农业产业技术体系支持，这些成绩的取得是难以想象的。

1. 美国农业技术体系的发展概况

1862 年《莫雷尔法案》的通过标志着美国农业技术体系的建立。该法案提出联邦政府按各个州在国会参议院和众议院人数的多寡分配给各州相应土地，各州要通过专项土地出售或投资所得，五年内至少建立一所教授农业和机械等专业知识的学校，即"赠地学院"。1887 年国会又通过《哈奇法案》要求联邦农业部每年向各州拨款 1.5 万美元，用以支持各州在"赠地学院"内建设专门进行农业基础性研究和动植物疾病防控的"农业试验站"。1914 年，国会则通过《史密斯—利弗法案》表示将在联邦政府资助下在各州的"赠地学院"建立农技推广中心，以负责组织、管理和实施基层的农业技术推广工作，加大对农民提供专业技术指导的力度，加快农业技术的传播。到 1977 年，国会又通过了《全国农业研究、推广和教育政策法》，进一步确定了联邦农业部在农业科研上的主体地位。

2. 美国农业技术体系建设基本构成及主要特点

当前，美国农业技术体系从纵向层级来看，可分成联邦、州和县三个层级；而从横向构成来看，又可分作教育、科研和推广三块内容。下面就美国农业技术体系的构成和特点展开说明。

（1）美国农业技术体系的构成。

联邦农业局科研机构。联邦政府内部的科研项目主要由联邦农业部下属的农业研究局（ARS）承担。农业研究局是美国最大的国家级农业科研机构，该机构由国家研发中心、7个区域性研发中心、4个海外研发中心及100多家农业实验站构成。目前该局有约2200名专家，承担着20个国家农业研究项目，约850个研究课题，这些项目每年可从联邦政府获得约11亿元的公共财政支持。

赠地学院、综合试验站与农业推广服务站。各州的赠地学院及56个州的农业试验站主要从事区域性的农业技术研究和推广工作。具体而言，各州的农业试验站以本地形式多样的技术需求为依托，与学院和推广站共同形成了一个侧重于本地区农业技术研究和推广的网络。试验站每年能获得高达10亿美元的财政拨款用于工作的开展，相应项目和经费由联邦农业部农业食品研究局（NIFA）负责组织管理。农业推广服务站一般设立在县政府所在地，是州推广中心的派出机构，同州推广中心一道联合指导该地区的农技推广，帮助农民解决农场经营中的实际问题。目前全国共有约3100个县级农业推广站，且人员构成上普遍素质较高，多数是大学本科毕业，也有不少研究生。

私立的农业科研机构。私立农业科研机构也是美国农业技术体系中的重要组成部分，该机构更侧重于有直接经济效益产品的开发，主要由与农业有关的私营企业、家族基金或农业合作经济组织等建立的农业科研机构、试验室和一些非营利组织兴办的试验站组成。事实上，美国的农业私营企业为方便产品的开发，大多都建立了自己的农业科研机构和试验站，另外，一些较大规模的科研机构还建设有研究农业相关问题的分支机构，某些大学也拥有农业基础型研究和应用性研究的科研机构。

（2）美国农业技术体系建设及管理特点。

一是不同类科研机构间的分工和协作。美国农业部研究中心和各州赠地学院都有教育和科研的职责，是知识的生产者，然而研究中心立足于全国性的、跨区域的基础性农业科技项目的研究，特殊情况下也可接受其他社会组织或国外的科技项目，但各州赠地学院的科研既为本地区服务，同时还能接受其他多种渠道的科研项目。农业部研究中心与赠地学院间保持着紧密的合作关系，如部分农业部研究中心的实验室建在赠地学院，两者的科技人员可以通过合作共同完成一些科研工作，赠地学院的研究生还能到研究中心做实验，农业部研究中心的研究人员也可到学院里做兼职教授，带研究生。另外，美国农业企业研究机构主要涉及的领域是经济效益显著的种子市场等，是新产品的生产者。此外，要说明的是，美国在农业科研领域一直致力于将政府职责和私人部门职责分开，这在政府和私人部门农业科研的主攻方向上体现得尤为明显，私人部门研究机构一般以下游市场作为研究的侧重点。

二是教学、科研与推广的三位一体。美国农业部下设教育与经济办公室，主要负责各州科研、教育和推广三方关系的协调及经济政策的研究，承担对赠地学院和研究所科研经费的资助工作，其中还包含提供专门的推广经费。另外，各州赠地学院的农学院除肩负农业教学任务外，还负责管理全州的试验站和各县农业推广站，因此农学院、试验站和推广站本质上是一体的，同时赠地学院的农学院院长还兼任州综合试验站和州推广站站长等职务，是全州农业教育、科研和技术推广的最高责任人，该项体制保证了在领导层面上农业教学、科研和推广三者的和谐统一。另外各农学院的教师需要至少肩负教学、科研和推广中的两项职责，而这方面工作完成的情况往往成了教员升职加薪的重要评判依据，因而从科技队伍供给方面保障了农业科教始终与农业技术转化和推广的紧密结合。

三是岗位聘用机制。农业研究局和大学的岗位都采取聘用制且一般是因岗选人。如在农业研究局所有的工作人员按照 15 个级别作出了统一规定，处于同级别的员工不论岗位如何都获得同样水平的工资，同时农业研究局工作人员是公务员，在工资收入上法律也作出了严格规定。而大学往往借助有重要影响的刊物招聘所需的工作人员，受聘期一般定为 6 年，到期不能晋升至副教授就意味着教员的聘期到此结束，但学校往往会通过不予加薪的方式表达其对教员聘期科研水平的不满，两年不加薪就意味着教员最好选择自动辞职。倘若教员在聘期里升为副教授，那就将获得终身职位，当然教员仍面临着被解聘的压力。和教员类似，农业研究局里的工作人员也并非端着铁饭碗，科技人员若项目结束没获得新的资助就要选择离开。另外，农业研究局科技人员作为国家工作人员，每年工资将根据级别和工作年限的不同而呈现一定幅度的增长，每三年将根据评估结果有较大幅度增长，而评估结果完全取决于科技人员三年来表现出的研究水平。

四是农业科技项目管理。农业部研究局科研项目设项一般采取召开多次会议的方式，并在广泛听取消费者、管理人员和科学家等多方面的意见后，集中讨论确定未来 5 年研究领域的项目清单。国家项目组将在征求推广专家意见的基础上，对项目清单进行严格审查。大学或农业研究局按照拟定的项目清单自由申报，但需拟订详细科研计划，并就研究目的和经费使用作出必要说明，项目获批后经费会划拨至大学或 ARS 财务管理部门，而后大学或农业研究局组织内部专家对项目申请人员的研究计划进行评估，评估通过后方能上报联邦农业部经费管理办公室予以实施。通常而言，联邦政府有 3 种经费分配方式：一部分按各州人口比重分配给各州的赠地学院，一部分则由科学家自由竞争，另外还有对某州或某项目进行专门拨款的方式。

（二）以色列农业技术体系建设的基本状况及经验

1. 以色列农业发展概况

以色列是世界上唯一建立在沙漠上的发达国家。农业生产的自然资源条件贫乏，有60% 国土属于干旱或半干旱地区，可耕地面积仅仅4370 平方公里（约 44 万公顷，合 60 万亩），占国土面积20%，另外由于水资源严重短缺（人均年可用水资源仅 300 立方米，不到全球平均水平的 1/30，约为中国的 1/8），可耕地的一半以上还需提水浇灌，农业从业人口仅 6.3 万人，然而正是在这样的恶劣条件下，以色列的农业却发展为高度发达、极具特色的现代化产业，成为世界农业发展史上的一个奇迹。

2. 以色列农业技术体系的构成及运行保障

以色列的农业技术体系发展程度之高，世界罕见。其农业科研与技术推广优势是该国现代农业发展的基础支撑。以下就以色列农业技术体系的构成及运行状况作出说明。

（1）以色列农业技术体系的组织结构。

一是农业科技管理机构。以色列采用全国农业科技管理委员会统一管理的农业科研体制。该委员会由以色列农业部、科研与农业技术推广机构、农业组织的代表构成，全面负责全国农业科技政策的制定、主要科研方向和领域的确定及全国农业科技项目的行政审批。农业部下设首席科学家办公室，牵头做好农业科研与发展政策草案的起草，并发布科研项目申请指南，负责落实、监督、跟踪、评估农业科研项目的运行情况。办公室另设 7 个专门委员会，分别做好各相关领域农业科研项目的初审事宜。

二是农业科研机构设置。以色列的农业科研结构主要包括公益性研究机构、科教机构和企业性质的社会科研机构。公益类科研机构有农业研究组织（ARO）、韦斯曼科学研究院及与相关农业专业研究所。其中农业研究组织是最知名的公益性研究结构，主要职责在于研究、解决全国性农业科技的重大问题，并开展前瞻性的农业科技基础性研究，下设有园艺、畜牧科学等 7 个研究所，4 个区域性的研究站和 1 个种子基因库，该组织科技力量雄厚，有员工约 2700 人，其中科学家 300 名，专业技术人员 500 名，其运行经费一半来自政府赞助，另一半则来自农业部首席科学家办公室、农民组织、国际合作基金和科技成果转让收益。韦斯曼科学研究院具有世界一流的基础研究实力，下设 5 个研究中心，共汇集了 800 多名农业科学家。以色列涉农科教机构则以希伯来大学农学院和以色列技术学院为代表，其中希伯来大学农学院建有农业生物化学系、动物科学系、大田作物等 7 个系，另外还设置综合治虫和土壤水分科学两个研究中心。以色列技术学院在工程方面享有盛誉，建有食品工程与生物技术、农业工程两个涉农系及所属的水与土壤农业工程研究中心、农业机械研究中心 5 个科研机构，共计科研人员 180 余名。另外该国还建有众多的企业型农业科研机构，研究内容也非常广泛。

三是国家中心和区域中心两个层次构成的农业技术推广部门。以色列历来重视农业技术推广，在建国之初就在农业部下设了农业技术推广服务局，专门负责农业技术推广工作，并根据农业发展需要细分为牛、羊、禽、蜂等 14 个专业委员会。为了更好地推动农业科研成果向农业生产实际的转化，以色列还根据不同农业区域发展特点建立了 9 个区域推广服务中心。这 9 个区域推广服务中心一般有 10—30 名工作人员，并根据区域技术的推广特点分设了一些专业委员会，这些专业委员会同区域服务机构一道接受国家农业技术推广中心的行政领导。其次以色列的农业技术推广具有很强的公益性色彩，其大部分经费来自政府财政拨款，仅有大约 10% 来自农业生产者自己。另外，以色列在农业技术推广方面还有个突出特点就是：政府鼓励农业科研人员和技术推广人员结合自身专长在自己的农场、土地、果园还有畜棚上开设私人示范农场，而不是在办公室、会议厅和培训学校，且该方式下无须面对单一农户，而是集中推广即可。此外在政府和有关部门的扶持下，技术推广服务人员还开办农业科技型企业、推广型的培训示范基地，通过定期出版农业实用技术小册子、录像和光盘，举办培训班等方式直观地传播新技术、新品种，因此农民很快就能掌握新型的农业生产技术。

四是培训和教育体系。以色列具有发达的教育体系，全力推行全民科技素质教育和创新能力教育，优先支持信息等理工类新型学科的建设，并注重产学研相结合，因此农民科技素质较高成为该国现代农业建设中的一个突出优势。为了进一步提高农民科技文化素质，该国专门成立了农业教育培训机构，如希伯来大学的农学院、以色列技术学院和国际农业培训中心等，这些机构每年组织专家免费教授农民水利、气象、农产品加工等方面的专业知识，同时不同区域中心也成立了专门的培训机构，另外信息网络技术也被广泛应用于农业科教中，这些举措促进了农民对农业技术知识的掌握。

（2）以色列农业技术体系的协同创新机制。

一是公共财政投入与管理。以色列政府对农业技术体系建设予以了稳定的支撑，年均农业科研专项投入约 1 亿美元，约占农业总产值的 3%。在农业部的科研经费中，一半是划拨给国家级农业研究机构的，另一半则和政府其他农业科研经费实行分类管理，即设立通常所说的"竞争性基金"，具体内容包括：①首席科学家基金。资金额度约 1000 万美元，可由研究所和大学按项目自由申报。②农业销售税基金。用于支持经济效益明显、针对性强的开发项目。③国际基金。④农业科研基金资助。以上四类项目都是应用性研究，第五类是基础性研究基金，每年数额约 3000 万美元。另外，企业也提供农业研究经费用于引导和补贴应用性研究。总体来看，该国农业科研经费来源中，农业部投入约占 60%，主要用于应用研究；科技部与教育部约占 20%，主要用于基础研究；企业约占 10%，主要用于引导和补贴技术开发，而在农业科研经费最终应用领域构成上，基础研究约占 10%，应用研究约占 70%—75%，成果的开发和推广约占 15%—20%。同时，以色列在农业科研基金管理上引入了竞争机制，并进行严格的项目过程监控与事后评估，该项举措促进了该国农业科研绩效的提升。

二是制度保障。这主要体现在以下方面：①制度规范和政策扶持，如为鼓励农业科学研究与开发，给投资和创业者提供诸如政府贷款保证、免除税额和创业基金等政策优惠，加速了集约化农业技术在该国的开发与推广。②优先扶持农业高新技术的发展，尤其是农业生物技术、农业信息技术、农业灌溉技术等，当前，以色列在农业生产中高新技术的运用和普及程度上居于世界领先位次。③稳定增加农业科研投入。以 2017 年为例，以色列研发投入，占 GDP 的比重的 4.5%，高居世界前列。④高度重视农业的可持续发展。以色列在森林、水土、动植物保护等方面制定了完善且严格的法律法规，有力地改善了该国农业赖以发展的生态环境。

（三）泰国农业技术体系建设状况及特点

1. 泰国农业发展概况

泰国自然条件优越，气候适宜，雨水充沛，适合农业的发展。全国土地面积为51.08万平方公里，其中耕地面积为1520万公顷，永久性草场面积80万公顷，林地面积有1440万公顷。人口总数约为6738.6万人，其中农村人口数为4498.9万，占到了66.8%的比例，农业就业人口总数为1942万，占到总劳动力人口的一半以上。经过近年不断地发展，该国现代农业建设水平得到不断提高，已成为一个名副其实的农业强国，农业占GDP的比重为11.6%，农产品出口约占出口总额的12%。农产品出口成为其外汇收入的主要来源之一。近些年泰国农业发展势头尤其见好，现在该国是主要的粮食种植区、天然橡胶种植区和产虾国，其农产品尤以泰国香米和"虎皮虾"最为出名。

2. 泰国农业技术体系建设的基本状况及特点

（1）泰国农业技术体系建设的基本情况。

科研机构。泰国科研和开发的主体力量是政府主导的科研机构和院所，国有企业和私营部门从科研人员数量和投入上来看实力相对较弱。其公共科研机构主要有国家研究理事会、泰国科技研究院和国家科技发展局。该国主管农业科技事业的是全国农业合作部的农业科技厅，该厅下设园艺研究所、橡胶研究所等6个直属研究机构。上述研究机构主要任务是从事各农业学科的调查、研究和开发工作，并着手提供有关土壤、水肥、农业投入物等农业要素方面的分析、检疫和咨询服务。研究机构所获得的研发成果在向农户做推广时，则由农业发展厅负责组织实施。对外科技合作事宜则交由外交部统一管理，具体工作由总理府技术经济合作厅组织实施。另外，泰国的 78 所综合性大学和 17 所公立学院中有将近一半设有农业专业，并积极就基础研究和应用基础研究领域开展科研，因此该类高校也成了该国农业科研一支不可或缺的力量。在研究领域来看，公立高校的科研工作大多是一些上游领域，以基础研究和应用基础研究工作较多。此外，农业企业也较重视农业研发，集聚了一大批农业科技人才，该类机构研究重点多在于应用科技研究或科技成果的转化。

科研投入与推广。泰国的农业科研投入中，公共财政投入约占 60% 的比重，另外高等学校、企业和非政府部门投入约占 40%。该国政府对农业生物技术研发较为关注，一方面重视运用生物技术开发优质稻种，另一方面还积极引进和推广国外优质品种，因此该国目前在农业生物技术和医学生物技术上尤其是水稻种植上体现了较高的研发实力。泰国目前已形成了遍及全国的三级农业科技推广网络，有利的支撑了该国农业的快速发展。农业和合作社部下设有农业技术推广司，并在各个府和县建立了分支机构。此外全国各地还设有科研机构，高等学校设有农业研发中心。这些研究组织和研发中心同国际水稻研究所开展了积极的学术交流活动，合作培养了水稻研究领域的诸多青年才俊。另外该国政府还积极推动"农村网"的发展，通过网络平台对农民开展技术培训，同时覆盖区域的农户还可以通过该网络查询农业信息、收发邮件、向专业技术人员请教农作物种植和病虫害防控方面的问题，该网络的建立能帮助农民更快和更准确的了解农业生产信息和市场信息，以便于农民适时安排生产活动，做好市场销售，最终大幅增加了农民生产收益。此外，泰国政府还积极推行农业机械在农业生产中的广泛运用，目前小型农机在泰国农村已普及开来。

（2）泰国农业技术体系运行及管理的特点。

泰国农业的快速发展有赖于该国农业技术体系的良好运行。从目前来看，泰国产业技术体系组织和运行较为成功，具体有以下四个显著特点：

一是农业科技工作的全面统筹与协调管理。泰国农业合作部肩负行政和科技两方面的职责，是全国农业科技的统筹协调部门。该部下设农业、推广、畜牧、渔业、林业、灌溉，土地开发等局，有能力对涉农科技方面的工作进行全面统筹，加强了各部门间的协调性。

二是明确公共财政在农业科技发展中的主体地位。泰国科研和开发的主体力量是政府部门主导的科研机构和院所，而私营部门和非营利科研机构则实力相对较弱，另外一些涉农高校的科研力量也具有较强的公共色彩，其开展基础研究的经费往往直接来源于政府财政拨款。

三是重视农业科技力量，积极出台政策。该国政府非常重视农业科技的力量，并积极采取低息贷款、减免税收和财政扶持的方式开展公共和私人及企事业单位联合攻关及专门技术人才的培养活动。

四是注重农业科研、教育和推广的紧密结合。泰国高度重视科教与推广的紧密结合。泰国农业合作部除了履行政策制定、项目审批等行政事务外，还承担着科研与农业技术推广相互衔接的组织协调工作。合作部将获取的最新的农业科研成果，通过农业推广局下设的6个区域性推广局和73个省级推广局、802个专业推广局、分区或分村设的推广单位或人员及遍布全国的30个植保站，有效的向农民传递，促使农民及时准确了解病虫害防控等生产信息和市场销售信息等。此外泰国政府还通过一些优惠措施的出台，鼓励私立部门参与农业科研和技术推广工作，最大化地发挥了这支农业科研队伍的力量。

（四）阿根廷农业技术体系建设的基本状况及特点

1. 阿根廷农业发展概况

阿根廷大部分地区土地肥沃、气候适宜，加之境内河流湖泊众多，非常适宜农牧业的发展。作为农牧业大国，其农牧业发展不仅对世界影响甚广，而且是阿根廷重要的经济支柱。阿根廷总人口约4000万，其中农业人口占总人口的10%，农业劳动力占总劳动力的9.4%。该国国土面积有278.04万平方公里，其中可耕地为2500万公顷，人均有耕地0.76公顷，每个农业劳动力承担21公顷；长期牧场14210万公顷，占51.2%；森林和林地有5910万公顷，占21%；灌溉面积169万公顷，占可耕地面积的6.8%。目前，阿根廷农业约占GDP总数的30%。阿根廷农牧业发达，年粮食产量（含小麦、玉米和高粱等）4000多万吨，主要农产品还有油料、果仁、柑橘类的植物以及蜂蜜、葡萄酒、马肉、牛肉、猪肉、家禽、牛奶和羊毛等。农畜产品年出口总额240亿美元，是世界重要的豆粉、豆油、葵花籽油、蜂蜜、梨和柠檬出口国，是玉米、高粱的第二大出口国，是大豆的第三大出口国，是小麦和牛肉的第五大出口国。

2. 阿根廷农业技术体系及主要特点

（1）阿根廷农业技术体系的组织结构。

农业科研机构和人员构成。阿根廷的农业科研体系较完善，其农业科研机构主要分为四类：一是国家农业技术研究所（INTA）、国家渔业研究所（ININEP）、国家科学和技术研究委员会（CONICET）和高等教育机构。2006年，上述四类研究机构共有74个研究所或院系、3940名科研人员。国家农业技术研究所是阿根廷国内最重要的农业科研机构，总部位于首都布宜诺斯艾利斯，研究人员有1910人，并设15个区域性的研究中心、47个试验站及260个技术推广站，形成了分布全国的农牧业科技网络。国家渔业研究所是该国渔业的主要研究机构，研究人员有101人。国家科学和技术研究委员会是包括农业和非农业在内的科技研究的官方机构，其中涉农研究所有26个。阿根廷有46家大学院系开展了农业教育与基础研发的工作，这些高等教育机构除了进行基础理论知识教学外，还积极利用研究所的试验站和推广站建设教学和实训基地培养农业科技人才，同时也为农牧企业和广大农民提供技术咨询服务。

农业技术推广。阿根廷政府历来重视农业科研及技术推广，1956年就成立了全国性的农牧业技术机构（INTA）。全国性的农牧业技术机构既是科研单位，又负责组织实施和推广政府农牧业科技发展规划，全国性的农牧业技术机构还在主要农牧业区设立了研究中心、试验站和农业技术推广站，及时向广大农民提供最新的农业科技信息和市场行情信息，形成了遍布全国的农牧业科技普及网络。该研究所主要在小麦、水稻、玉米等粮食作物的栽培上，果树品种改良，牲畜的遗传、育种、饲养、繁殖和生产的管理及水土保持等方面开展科研活动。分布在各地的技术推广站直接面向本区域农民宣传、普及和讲解农业技术知识，这些措施均取得了良好的经济、社会和生态效益。

科研经费来源及农业研究重点。近年来阿根廷在农业研究公共上的支出约为4.5亿美元（其占农业增加值的比重约为1.27%，高于拉丁美洲及加勒比海地区的平均投入水平1.14%），其中仅国家农业技术研究所和高等教育机构就占到96%左右。阿根廷农业研发经费主要来源于国家政府、生产者组织和私立部门，另外，美洲开发银行、欧盟和世界银行也是该国农业研发经费资助者，而私人部门提供的经费仅占很小的比重。

据2006年对该国61个研究所的3804名农业研究人员的一项调查显示：从事作物研究的人员数占近40%，畜牧研究人员占28%的比例，自然资源研究和林业研究的人员分别占14%和6%，渔业研究人员仅占3%；此外还得知小麦、大豆、玉米等作物和牛、奶制品与饲料等畜牧品是该国农业科研人员研究投入人力较多的领域。

（2）阿根廷农业技术体系运行及管理特点。

阿根廷农业产业技术体系比较完善，既有全国性和区域性的农业科研机构，也有高等教育机构中的农业科研机构。这些农业科研机构为阿根廷农业的发展壮大提供了重要的科技支撑。全国农牧业技术研究所有着稳定的财政经费来源，其在遗传育种、作物栽培、肉牛繁殖、土壤肥力、水土保持、家畜疫病防治等领域确立了明确的研究领域，此外该研究所通过地区性研究中心、试验站和技术推广站，基本建立了遍及阿根廷的农牧业科普网络，为农业科研与实际生产的结合发挥了桥梁作用。目前，阿根廷在生物工程技术，尤其是转基因技术应用及动物克隆方面具有较高的国际声誉。

（五）国外农业技术体系建设的成功经验及对中国的启示

本章的前述内容共选取了美国和以色列两个发达国家及泰国和阿根廷两个发展中国家，共计四个典型进行了经验介绍，这四个国家农业发展都具有一定特色，虽然四国与中国在政体、经济体制、资源禀赋和生产力发展水平及社会历史条件有所不同，但各个国家均在现代农业发展阶段选择了实施农业技术创新体系，这是符合农业科技发展规律的，当前这些国家的产业技术体系运行已形成一些共同的成熟经验，对其加以分析和凝练有利于引导中国现代农业产业技术体系的科学有序运行。总体来看，获得了以下启示：（1）为推进现代农业发展均建立了较为完善的国家现代农业产业技术创新体系，具体表现为：一是对农业技术创新有精准的定位，都将其上升到了国家战略的高度上，视其为国家科技创新体系建设的重要组成部分；二是在体系组织结构、区域布局和层级规划上都以体系功能的健全和运转高效为终极目标，体现了体系设计的科学性。（2）形成了以政府为主体，多方参与的农业科技投入格局。上述国家在科技投入上充分体现了政府的主导地位，并鼓励非政府机构或私人部门参与农业科技投资，保障了资金来源渠道的多元化。另外，在科研投向方面也有明确分工，如政府机构只专注于提供具有公共物品属性的农业科技创新，而对于易于市场化的创新领域则鼓励其他主体介入，并通过立法保护或政策优惠措施对多元化投资行为予以激励。（3）农业产业技术体系运行保障有力。具体体现在：一是保证了科技投入政策的持续稳定；二是建立了完善的配套措施；三是建立了明确的分工和协作机制；四是建立了科学的科研绩效考核机制；五是建立了农业科研与生产实际的有效对接机制。

二、提升中国现代农业产业技术体系协同创新绩效的策略分析

（一）进一步完善部际协商机制，优化资源配置结构

现代农业产业技术体系作为一个巨大的农业科技服务系统，层次

多，任务重，影响面广，要保障其顺利运行需要多方协调一致，达成共识。首先，建议由财政部、农业农村部、科技部等部门构成的部际联席会议组织保持相对稳定，其在现代农业产业技术体系运行应积极开展农业科技事业推进的协商工作，切实加强对产业技术体系运行的组织领导和协调，对体系结构调整、项目日常运行、人员管理、经费管理、知识产权管理、绩效考核及体系文化建设等方面开展平等协商，对运行中存在的问题认真展开调查，及时通报并提出整改意见及措施，以确保现代农业产业技术体系的运行健康有序地推进；其次，建议在现有的农业科技管理制度框架内，按照统一认识的要求，加大对科技资源的整合力度，强化项目经费的使用监督，确保财政支出经费的规范使用，保障公共财政投入目标的实现；最后，要完善创新资源配置信息定期交流的制度，避免条块分割、重复立项、资源分散的不利局面，实现经济效益与社会效益、宏观效益与微观效益、间接效益与直接效益的三个辩证"统一"。

（二）构建和谐的体系文化，扩大体系的影响范围

在现代农业产业技术体系文化构建中要始终坚持民主开放、务实高效和诚实奉献的理念，充分依托政策支持和团队领导人的作用，做好信用评价、交流平台建设、风险管理和信息标示等方面的工作，推进体系内外的大联合与大协作，并实现岗岗联合、岗站联合的良性发展局面。一是建立并完善体系诚信的量化管理制度。按照成员参加现代农业产业技术体系组织的活动、提交给体系有关材料、日志及经费收支报表、职业操守和学术修养、出国及团队成员变动报告、管理平台维护等指标的情况，进行综合性评价。二是要继续推进信息交流平台建设。通过利用网络信息、电话、会议、访问或合作开展现代农业

产业技术体系任务等多种形式，加强不同体系间、体系内部不同岗位间、体系与科研机构、高校、企业间的交流及协调，实现信息资源的共享，这有利于科技资源的优化配置，还有利于不同岗位成员进一步明确自己的定位，增加团队认同，最为重要的是还有利于扩大现代农业产业技术体系协同创新的影响范围。三是要做好现代农业产业技术体系任务开展中的风险管理工作，这应该贯穿在现代农业产业技术体系运行的整个过程中，已减少任务的难以预见或技术的不确定等风险事件发生的可能性及潜在的损失。四是要做好信息的标示工作。信息标示是展示现代农业产业技术体系文化的重要窗口，建议现代农业产业技术体系成员在开展工作中所制作的档案袋、信封、记录本及开发产品的包装袋、包装箱等有关物品，自觉使用体系的统一标识，持续加强体系的对外宣传。

（三）稳定公共财政支持，加强项目资金管理，提高经费使用效益

一方面，首先政府要保持对现代农业产业技术体系支持政策的稳定，不断增加财政农业科技投入强度，通过岗位财务管理与国家制度的相互协调，加强经费与体系任务的衔接，预算及审核等环节中多考虑体系工作开展的实际问题，如延长经费使用年限、及时划拨经费，减少中间环节等；其次要适当调整项目经费支出比例构成，建议增加基础设施建设、劳务费、会议费和设备购置费在项目总额中的比重；再次要有步骤提高经费使用的灵活度，比如建议依托单位尽量少提或不提管理费，另外建议由专家和站长根据自己工作的实际合理支配项目经费，进一步强化岗位科学家经费使用自主权；最后项目设置上应更趋合理，把技术服务的工作费用纳入，如每年给予团队成员固定额度的技术服务经费。

另一方面，现代农业产业技术体系成员所在依托建设单位要严格财经纪律，加大经费使用的监管力度。在经费使用上，严格遵照《现代农业产业技术体系建设专项资金管理试行办法》的相关规定指定资金用途和规范管理，单独设账进行核算，纳入单位财务统一管理，确保专款专用，切实保障经费使用效益；杜绝多头申报、虚报冒领、套取资金、截留、挤占、挪用资金等问题，防止出现违反规定的问题。此外成员要强化经费管理，定期上报经费使用情况，另外支出时严格执行体系规定，如细化经费报销项目等。除此之外，还要完善信息披露制度，就有关信息及时要向大众公开。

（四）加强知识产权管理，提升农业创新效率和水平

现代农业产业技术体系加强知识产权管理制度建设有利于提高农业科技创新效率，保障国家产业安全。在具体实践过程中，首先应该明确现代农业产业技术体系协同创新项目开展中所形成的农业科技成果、知识产权等归国家所有，而建设依托单位可以在国家授权下决定实施和许可他人实施或者转让获益，当在特定情况下国家对体系人员在开展体系任务中所获得的知识产权有无偿使用、开发和收益的权利。其次，基于体系建设的公益性，因此现代农业产业技术体系协同创新中所形成的实验数据、科技资源及产业技术经济信息，在不涉密的前提下，经执行专家组讨论，报管理咨询委员会办公室同意后可以面向社会公众进行发布，以推进产业的快速健康发展。再次，现代农业产业技术体系项目开展中所形成的论文、专著等文字作品在发表和出版时应标注现代农业产业技术体系专项资助字样，另外现代农业产业技术体系聘用人员应及时收集、整理、保存体系任务开展中所获得的数据资料、文字资料和图像资料，务必保持各种原始资料的连续性和真

实性。最后还要对体系运行过程中的档案管理工作加以重视。

（五）健全人员进出、考核与激励机制，强化岗位责任

加强体系内部管理，完善各种考核及激励制度。首先在体系人员的进出上要引入竞争机制。加大团队人才队伍的培养，广纳贤才，壮大农业科研队伍后备力量，努力塑造一支团结的队伍，保证产业技术体系国家队的平稳发展。其次根据考核结果进行奖优罚劣，做到人尽其才，最大化的发挥体系人员的工作积极性。建立健全激励制度，严格项目考核制度，通过制定相应的奖惩办法，对为产业作出突出贡献的个人和单位给予荣誉奖励或物质奖励，促进体系团队的稳定和整体水平的提高。再次对体系成员的考核要立足长远、注重实效、呈多元化的考评体系。从体制上避免人人疲于应付，拉关系、走后门，急功近利的考评办法，使专家真正全身心投入到工作中，还要根据分体系特点和岗位类型的不同进行适当的分类考核，不搞"一刀切"的评价方式。此外还要确保相对稳定的团队以及明确的合同任务和严格的岗位任务考核，保条件、保待遇（如职称评选方面给予一定的扶持政策），彻底解决科研团队后顾之忧，让其全身心投入科研中，埋头苦干，扎实工作。最后还应考虑及时建立公众可以就成果进行了解的网上公布制度，增加公众对体系人员工作的认可。

（六）加强与地方主管部门的联系和沟通，促进地方产业发展

首先协调好行政主管部门与产业技术体系的关系，明确体系的社会地位，建立地方农业主管部门与体系的沟通机制，充分发挥体系对行政决策的支持作用；其次增强与相关政府部门的联系与合作，建立信息共享平台。通过当地政府、农业合作组织及企业的广泛参与，切实将产业技术体系的任务与当地的农业生产实际相结合，及时为生产

中的问题献计献策；再次以政府为纽带和桥梁加大与当地农业合作经济组织以及农民的沟通力度，通过示范作用带动当地农业产业发展，想方设法让企业和农民从中获利。另外，还可建议各级地方政府及相关农业主管部门聘请岗位专家为"农业科技顾问"，开展本地区产业技术服务，这对该区域相关产业的发展有着积极意义。最后，各省应以创新型国家战略为导向，依托本地区产业与科技资源特点，发挥政府部门在资金、政策、技术、人力、信息桥梁上的优势，加快建立相应的农产品产业技术体系，保证地方政府和国家在农业科技创新体系建设上的协调性。

（七）加强产业技术体系与农业生产结合，不断提高其支撑农业的作用

一是要充分调研，了解产业技术市场需求。首先体系科研工作要始终坚持服务产业发展需求的导向，因此，现代农业产业技术体系成员要经常深入到生产第一线，了解基层的实际需要，及时吸取国内外先进经验，使农业科研课题更多地凝练自农业生产实际，然后再到生产中去推广应用；其次考虑由相关岗位专家和试验站在农产品主产区设立示范基地展示成果，以点带面，并根据不同产区和气候条件开展宣传和技术培训指导生产；加大对试验站的投入，利用试验站将各体系的研究成果推广到农民手中，切实带动周边农民利用新技术、新品种；再次体系中的功能研究室与综合试验站要形成成果创新的综合评价体系，被评价认可的成果可进入推荐档案。二是要加大成果转化力度。形成有效的成果转化机制，加速科研成果的转化，此外利用科技人才优势，就一些重大成果和重大难题可以采取集中资源、联合攻关的方式解决，每年围绕解决 1—2 个重要问题。三是要稳定体系队伍，充分发

挥现代农业产业技术体系作为平台和纽带的作用。加强岗位专家、综合试验站、基地的联系与合作，促进研究、开发、中试、推广和技术应用的有机结合，缩短成果的推广应用时间。四是要加强体系与推广部门的结合。一方面考虑制定完善的体系推广工作效益评价规程，以全面推进新成果推广应用的进程，使产业技术体系与推广体系形成相辅相成的关系；另一方面充分发挥试验站与地方农业推广部门的联系作用，另外可还以考虑建立岗位专家与农业产业化龙头企业间的联系机制。五是要探索建立农户新技术采用保险机制，激发农户新技术采用的积极性。

　　本章系统阐述了美国、以色列、泰国和阿根廷四个具有代表性国家的农业技术体系的组织机构、特点和协同创新机制等内容，在此基础上的比较分析与经验总结发现上述国家的农业产业体系有以下共同特点：（1）均建立了较为完善的国家现代农业产业技术创新体系；（2）形成了以政府为主体，多方参与的农业科技投入格局；（3）农业产业技术体系运行配套措施保障有力。在这些典型经验介绍及前文就中国现代农业产业体系运行绩效分析的基础上，就提升中国现代农业产业技术体系运行绩效有以下启示：进一步完善部际协商制度，优化资源配置结构；构建和谐的体系文化，扩大体系影响范围；稳定公共财政支持，加强项目资金管理，提高经费使用效益；加强知识产权管理，提升农业创新效率水平；健全人员进出、考核与激励机制，强化岗位责任；加强与地方主管部门的联系和沟通，促进地方产业发展；加强产业技术体系与农业生产结合，不断提高其支撑农业的作用。

第六章　主要结论与研究展望

一、主要结论

（一）现代农业产业技术体系是创新型国家战略导向下公共财政投入方式的创新与调整

我国自新中国成立以来农业科技体制改革和公共财政科技投入政策的历史进程表明：（1）以中央《关于科学技术体制改革的决定》政策文件的出台和创新型国家战略的提出为标志，大体上可将我国农业科研制度变迁的历史进程划分为 1985 年以前以计划经济体制为导向、1985—2005 年以市场经济体制为导向和 2005 年以来以创新型国家战略为导向的变迁过程。（2）从 1985 年农业科技体制改革政策的历史演进过程来看，几乎所有的农业科技政策与制度安排都服从市场经济改革导向，而在改革的内容和措施上也充分体现了"市场导向"和"政府调控"的结合。（3）每次农业科技政策的出台都源自政府及有关部门对农业科技发展规律认识水平的不断提高，是与各个阶段历史任务相对照的。（4）现代农业产业技术体系是在市场经济体制改革不断走向深入条件下公共财政投入寻求制度创新的一种有益尝试，是农业科技体制改革政策措施结构调整中的重要内容，也是国家农业科技创新体系建设的延续和重要组成部分。

（二）体系协同创新已取得初步成效，但在内部管理机制方面还存在诸多不足

基于体系成员的统计资料的描述分析表明，体系建设已基本完成，首先体系在人员结构、学科结构及各体系资源的区域分布上较为合理；其次体系构成人员对体系任务认知较为清晰，且不同体系或同体系的不同岗位专家间交流合作方式渐趋多样化，各岗位人员融入体系的程度也在逐步提高；再次划拨经费基本能满足体系工作顺利开展，且经费使用的合规程度较高；此外体系考核标准和结果通报方式呈多元化，且严格的退出机制被普遍认同。然而，当前，现代农业产业技术体系协同创新在经费管理机制、交流机制、竞争机制和评价考核机制、体系文化、与地方政府的对接机制、成员工作积极性的激励机制、关联主体的协调机制的健全等方面还存在较大提升空间。

（三）基于体系内成员统计资料的实证分析表明：现代农业产业技术体系运行绩效有较大提升空间，不同岗位序列和子体系绩效差异较大，且影响绩效的因素较多

国家现代农业产业技术体系核心层级和第二层级所涉及团队成员的协同创新效率测度结果表明，现代农业产业技术体系协同创新绩效有较大提升空间，且不同样本和序列岗位间差异较大，同时还认定规模效率不高是阻碍创新主体技术效率提升的主要因素。具体来看，国家现代农业产业技术体系第一层级科技团队成员总体效率仍有 0.76 的提升空间，规模效率较低成为总体效率不高的主要原因；就第一层级科研团队的不同岗位系列而言，B 系列岗位技术效率较 A 系列岗位要高。国家现代农业产业技术体系第二层次的科技团队总体效率也不容乐观，

仅为 0.14，且规模效率偏低也是制约该层级团队创新效率提高的主要原因。分体系效率测度与比较研究还表明：养殖业产业技术体系、林果业产业技术体系和种植业产业技术体系样本技术效率值均有较大提升空间，但养殖业产业技术体系和林果业产业技术体系样本技术效率值要明显高于种植业产业技术体系，上述三种产业技术体系的规模效率不高是致使各自技术效率不高的主要原因，从养殖业产业技术体系、林果业产业技术体系和种植业产业技术体系样本的技术效率、纯技术效率和规模效率分布情况上看，养殖业产业技术体系、林果业产业技术体系样本在高效率值区间段上的分布情况要优于种植业产业技术体系，养殖业与林果业产业技术体系样本的效率分布状况较为接近。此外专题研究结果还表明：调查样本就体系目标认知清晰程度的提升对团队协同创新技术效率改善有显著作用，而团队成员职称、对团队成员知晓程度、体系在经费使用上的合理程度也是科研团队协同创新绩效的决定要素。

（四）农户是体系运行的最终受益者，其行为特征呈多样化，是体系运行绩效评价中要考虑的重要方面

农户数据的统计和 Logistic 回归分析得到了现代农业产业技术体系运行下农户有关技术需求、市场流通认知、社会化组织参与等方面的行为特征。具体来看：

（1）农户技术需求呈多样化态势，还发现不同地区农户的技术需求差异较大，即便是同一地区，对不同类技术的需求差异也较大。（2）总体来看，现代农业产业技术体系运行下农户市场流通认知程度不高，表现在农户对现代流通方式利用不够；市场价格信息缺乏，农户个体认知差异较大；流通及交易环节认知不足、流通前期管理方式粗放等，农户户主的年龄、村庄道路类型、户主文化程度对农户农产品

市场流通的认知起主要作用。（3）多数农户表示未参加协会组织，调查显示当地没有协会和对协会组织不了解是最主要的原因。另外，还发现农业生产规模、销售难易程度、是否进行林改等因素对农户参与协会的意愿影响显著。

（五）体系协同创新绩效评价体系由经济效益、可持续发展能力、社会效益、生态效益因子构成

基于体系外固定观察点农户调研数据的分析表明：体系协同创新绩效模糊评价仅为一般水平，且经济与生态效益是体系建设及后续运行中应考虑的重点。

固定观察点农户数据的因子分析和模糊综合评价研究发现：（1）现代农业产业技术体系协同创新绩效评价体系的经济效益因子、可持续发展能力因子、社会效益因子、生态效益因子各自的方差贡献率依次为19.54%、11.53%、11.27%和7.97%的比例。（2）体系协同创新绩效最终得分为69.42分，综合评价结果仅为"一般"，表明外部主体对体系运行水平的评价还能有较大提升空间。（3）经济效益与生态效益建设应成为现代农业产业技术体系协同创新并服务农业农村创新发展的重点内容。

（六）利益取向的差异性使得各个主体之间的行为博弈成为制约现代农业产业技术体系协同创新绩效提升的重要影响因素

研究结果表明由于政府管理部门、项目执行层和项目实施层目标函数或价值取向的不一致性，再加之委托代理人间信息上的不对称，致使三方存在的动态博弈关系引致的不确定性风险成为制约现代农业产业技术体系协同创新绩效的一个主要原因。最终三方只有通过在现有的农业科技管理机制和体系内部管理规范指导下，恪尽职守，共同

努力，才能最终实现共赢的局面。

二、研究展望

本书就现代农业产业技术体系由来、运行状况及协同创新绩效水平、协同创新中各利益主体博弈行为特征有了较为全面的了解，并在系统分析与比较国外产业技术体系运行管理经验的基础上，最终获得了提升体系协同创新绩效的对策。但研究仍存在改善的空间，针对研究不足后续研究中侧重就以下内容展开：

（一）数据完善及更新

随着体系统计数据的逐步完善，利用体系团队成员的面板数据就现代农业产业技术体系协同创新进行更为准确的测度；另外，在时间上保证固定观察点农户数据的一致性，并适当增加企业、协会等数据，以获得现代农业产业技术体系协同创新绩效评价更客观的素材。

（二）协同创新绩效测度内容的扩展

由于数据搜集上和体系某些指标无法量化等问题（如社会效益、生态效益等）的存在，在本书研究中就现代农业产业技术体系协同创新绩效的分析还不太全面，后续研究要在分析框架和测度对象选取上进行必要拓展，并加以比较分析，以全面反映现代农业产业技术体系协同创新绩效的内容。

（三）利益主体行为特征及机理研究拓展

增加现代农业产业技术体系协同创新过程中依托单位管理人员、企业家、行业协会的行为特征及机理研究，使研究结论更有理论深度，也更利于指导体系的建设实际。

附　录

附录 1　现代农业产业技术体系内组成人员的统计调查问卷

现代农业产业技术体系运行管理研究调查问卷

尊敬的各位专家/站长/团队成员：

　　您好！为了准确把握现代农业产业技术体系成立以来的运行现状，进一步完善现代农业产业技术体系运行机制，健全有利于体系有序、高效和顺畅运行的各项管理制度，提升现代农业产业技术体系管理水平，特对现代农业产业技术体系运行和管理中的相关情况进行调查。本次调查只作为了解、制定和完善相关制度作参考，不用作其他任何目的。

　　　　　　　　　　　　　　　　　　　　非常感谢您的支持与合作！

填写说明

1. 此调查问卷由各产业技术体系的 B、A、C、团队成员、依托单位以及非体系内的科研人员和相关的管理部门填写。

2. 对于评价或选择类问题，请周密思考后，在所选项序号上打"√"或在横线上填写序号即可；如果多选时，请按照重要性程度由大到小予以排序。

3. 在填写中，如果选择"其他"项，请注明具体内容。

4. 对于回答类问题，尽量做到简洁、清楚。

5. 团队成员回答相关问题时，遇到不能回答的问题，如经费使用等，则跳过。

6. 希望相关人员及部门给予足够重视，本着实事求是、认真负责的态度组织和进行问卷填写。

7. 问卷填好后，请按要求按期上交。

调查时间： 年 月 日

一、基本信息

1. 被调查人员姓名：_____，联系方式：Tel：_____ E-mail：_____。

2. 被调查人员身份：_____。
   A.B；B.A；C.C；D.团队成员；E.依托单位管理人员；F.体系外科技人员；G.其他（请注明）_____。

3. 被调查人职称：_____。
   A.教授（研究员）；B.副教授（副研）；C.讲师（助研）；D.其他（注明）_____。

4. 所属产业技术体系：＿＿＿＿＿＿＿＿＿＿＿＿。

5. 所属功能研究室或者综合试验站：＿＿＿＿＿＿＿＿＿＿＿。

6. 依托单位：＿＿＿＿＿，地址：＿＿＿＿＿＿＿＿＿＿＿＿＿。

7. 依托单位的性质：＿＿＿＿＿＿＿。

　　A. 科研单位；B. 高等院校；C. 企业；D. 推广机构；E. 事业单位；

　　F. 其他（请注明）＿＿＿＿＿＿

二、现代农业产业技术体系运行现状

（一）总体评价

1. 您认为现代农业产业技术体系的建立对推动我国农业发展所具有的

　　作用是＿＿＿＿＿。

　　A. 非常大；　　　　B. 较大；　　　　C. 大；　　　　D. 不大；

　　E. 很小

2. 您对目前现代农业产业技术体系运行状况的总体评价是：＿＿＿＿＿。

　　A. 非常满意；　　B. 较满意；　　　C. 满意；　　　D. 不满意；

　　E. 非常不满意

　　如果不满意，原因是：＿＿＿＿＿＿＿＿＿＿＿＿＿＿。

3. 您对产业体系建设目标的认识与定位是否清晰：＿＿＿＿＿。

　　A. 非常清楚；　　B. 较清楚；　　　C. 清楚；　　　D. 不清楚

4. 你认为目前体系工作中的四项任务（重点任务、基础性工作、前瞻

　　性研究、应急性任务）的分类：＿＿＿＿＿。

　　A. 非常科学；　　B. 较科学；　　　C. 科学；　　　D. 不科学；

　　E. 非常不科学

　　如果不科学，您认为应该采取什么样的分类？＿＿＿＿＿＿＿＿。

5. 你对体系交流平台的运行及管理是否满意：＿＿＿＿＿＿＿。

　　A. 满意；　　　　　　B. 不满意

　　如果不满意，主要表现在：＿＿＿＿＿＿＿＿＿＿＿＿＿＿＿＿。

6. 当前体系的岗位设置和试验站分布是否合理？＿＿＿＿＿＿＿。

　　A. 很合理；　　　　B. 比较合理；　　C. 合理；　　　　D. 不合理；

　　E. 很不合理

　　如果不合理，主要表现在：＿＿＿＿＿＿＿＿＿＿＿＿＿＿＿＿。

　　若不合理，在哪些方面需要重点调整？＿＿＿＿＿＿＿＿＿＿＿＿。

7. 您认为，当前现代农业产业技术体系建设对农业生产的贡献度是：

　　＿＿＿＿＿＿＿＿＿＿＿＿＿＿＿＿＿＿＿＿＿＿＿＿＿＿＿＿＿＿＿＿。

　　A. 很高；　　　　　　B. 较高；　　　C. 高；　　　　D. 较低；

　　E. 很低

（二）B岗位专家（A岗位专家和C岗位专家不作回答）

1. 您在年内工作中，累计考察过本体系的岗位专家和试验站的比例

　　为＿＿＿＿＿＿＿。

　　A.80% 以上；　　B.60%—80%；　　　C.40%—60%；　　D.40% 以下

2. 您对本体系运行状况的满意度是＿＿＿＿＿＿＿。

　　A.90% 以上；　　B.80%—90%；　　　C.70%—80%；　　D.60%—70%；

　　E.50%—60%；　F.50% 以下

3. 您对本体系所有成员（岗位和站）的熟知率达到＿＿＿＿＿＿。

　　A.100%；　　　　B.90%—99%；　　　C.80%—89%；　　D.70%—79%；

　　E.70% 以下

4. 您在年内工作过程中，共组织的全体成员参加的体系会议有＿＿＿次。

5. 您在年内工作过程中，主持召开的执委会会议的次数有＿＿＿次。

6. 您是否制定了本产业技术体系发展的全面规划？_____。

  A. 已经制定；   B. 正在制定；   C. 尚未制定

7. 您是否建立了本体系特有的体系文化？_____。

  A. 已经建立；   B. 正在建立；   C. 尚未建立

  您所定位的体系文化特征是（简洁）_____

（三）A 岗位专家（C 岗位专家不作回答）

1. 你上岗后是否有长远的规划与打算？_____。A. 是；B. 否

2. 您对本岗位的重点任务是否十分清楚。_____。

  A. 非常清楚；   B. 较为清楚；   C. 清楚；   D. 不完全清楚；

  E. 还没有确定

  如果清楚，则本岗位的重点任务是（具体、简洁）：_____

_____

3. 你原来的工作与现在岗位的重点任务是否相同。_____。

  A. 相同；   B. 基本相同；   C. 联系不多；   D. 没有联系

  （1）如果联系不多或没有联系，上岗以来你是否转移了你的工作重点：_____。

  A. 是；   B. 否

  （2）如果是，那么转移到岗位重点任务上的精力是_____。

  A. 80% 以上的工作已转移到岗位；   B. 50%—79% 转移；

  C. 不到 50% 转移到岗位。

4. 在您的观察中，您认为岗位工作人员的个人工作目标与体系总体目标的一致性如何？_____。

  A. 完全一致；   B. 基本一致；   C. 不确定；   D. 不一致；

  E. 完全背离

若不一致或背离，存在差异的主要原因有哪些?＿＿＿＿＿＿＿＿＿。

5. 您感觉试验站与岗位成员之间工作的联系与配合程度是：＿＿＿＿＿。

A. 非常紧密；　　B. 紧密；　　C. 一般；　　D. 不紧密；

E. 非常差

6. 您上岗以来是否还申请并获批了与现岗位没有联系的课题＿＿＿＿＿。

A. 是；　　　　　B. 否

如果是，共＿＿＿＿项，并填写下表：

项目名称	项目来源	获批资金（万元）

（四）C 岗位专家（A 岗位专家不作回答）

1. 您对试验站的任务是否清楚＿＿＿＿＿＿。

A. 非常清楚；　　B. 较为清楚；　　C. 清楚；　　D. 不全清楚；

E. 还没有确定

2. 您对试验站与 A 的关系是否清楚＿＿＿＿＿＿。　　A. 清楚　B. 不清楚

如果清楚，请予以简单描述＿＿＿＿＿＿＿＿＿＿＿＿＿＿＿＿。

如果不清楚，原因是：＿＿＿＿＿＿＿＿＿＿＿＿＿＿＿＿＿。

3. 列入本试验站的示范县（示范企业）的数量有＿＿＿＿＿个。

4. 年内工作中，有＿＿＿＿＿个 A 来到过本站考察或者布置联系过工作。

5. 年内工作中，您主动与＿＿＿＿＿个 A 联系过工作。

6. 年内工作中本站到示范县进行技术示范与推广的人次累计为＿＿＿＿＿

人次。

7. 在本产业体系内，各个试验站之间是否存在经常性的联系：_____。

　　A. 是；　　　　　B. 否

8. 您感觉岗位成员与试验站之间工作的联系与配合程度是：_____。

　　A. 非常紧密；　　B. 紧密；　　C. 一般；　　D. 不紧密；

　　E. 非常差

9. 您认为综合试验站的主要工作应该是：（可多选，但要排序）_____。

　　A. 技术试验与示范；　　　　　　B. 基层基础信息收集与反馈；

　　C. 服务岗位专家；　　　　　　　D. 服务地方政府；

　　E. 其他_____。

10. 你对综合试验站的软件、硬件条件的满意度是：_____。

　　A. 非常满意；　　B. 基本满意；　　C. 不满意

（五）体系日常运行

1. 在当前的体系运行过程中，您认为体系成员的个人工作目标与体系
　　总体目标的一致性如何？

　　A. 完全一致；　　B. 基本一致；　　C. 不确定；　　D. 不一致；

　　E. 完全背离

　　若不一致或背离，存在差异的主要原因有哪些？_____。

2. 不同产业体系之间的岗位专家是否经常交流？_____。

　　A. 是；　　B. 否

　　若是，通常采用何种方式交流（多选时，则由多到少排序）_____。

　　A. 会议；　　　　B. 电话；　　　　C. 邮件；　　　　D. 其他____。

3. 您在年内体系工作过程中，与其他产业的岗位专家通过会议方式进
　　行交流的次数有_____次；除会议交流方式外，与其他产业的岗位

专家大体交流了＿＿＿＿人次；其中联系最多的岗位是：＿＿＿＿。

4.产业内各领域的岗位专家之间是否经常交流？＿＿＿＿＿＿。

　　A.是；　　　　　　B.否

　　若是，通常采用何种方式交流（多选时，则由多到少排序）＿＿＿＿。

　　A.会议；　　　　B.电话；　　　　　　C.邮件；　　　　　D.其他

5.您在年内体系工作过程中，通过会议方式与本产业内各领域专家的
　　交流次数有＿＿＿＿次；除了会议交流方式外，与其他领域的岗位专
　　家大体交流了＿＿＿＿人次；其中联系最多的领域是：＿＿＿＿。

6.您是否完全融入本产业体系的工作过程和团体环境之中？＿＿＿＿。

　　A.完全融入；　B.正在慢慢融入；　C.还没有融入

7.您对本产业 A 及 C 岗位专家的姓名及依托单位的知晓程度是＿＿＿＿。

　　A.100% 知道；　B.90% 知道；　　C.80% 知道；　　D.70% 知道

8.在年内工作中，你花了多少时间用于体系的工作：＿＿＿＿。

　　A.80% 以上；　　B.60%—80%；　　C.40%—60%；　　D.20%—40%；

　　E.20% 以下

（六）经费管理

1.您认为体系经费是否能够满足您的工作需要：＿＿＿＿＿＿。

　　A. 完全满足（95%—100%）；　　　B. 能够满足（85%—95%）；

　　C. 基本满足（75%—85%）；　　　　D. 不能满足（75% 以下）

2.根据体系的工作定位，你有多少经费是用于体系的工作之
　　中：＿＿＿＿。

　　A.95%—100%；　　B.85%—95%；　　C.75%—85%；　　D.60%—75%；

　　E.60% 以下

3.依据目前的体系财务制度，体系经费支出的合规性一般能够达

到：_____。

A.95%—100% 合规；　　　　　　B.85%—95% 合规；

C.75%—85% 合规；　　　　　　D.65%—75% 合规；

E. 合规性小于 65%

4. 您对当前体系经费管理的现状是否满意？_____。

A. 非常满意；　B. 基本满意；　　　C. 不满意

如不满意，主要体现在哪些方面_____。

5. 当前经费管理中存在的主要问题是：（多选时，请予以排序）_____。

A. 经费划拨不及时；　　　　　　B. 经费使用不规范；

C. 项目经费支出比例不合理；　　D. 实际经费支出无法正常报销；

E. 单位财务管理与国家制度要求存在偏差；

F. 其他（请注明）_____。

6. 您对加强体系经费管理，提高经费使用效益，有什么意见和建议？

_____

_____

_____

（七）考核与评价

1. 在体系工作考评标准中，您最为认可的标准是：_____。

A. 基础性工作；　　　　　　　　B. 论文专利等技术成果；

C. 人才培养；　　　　　　　　　D. 技术培训与推广；

E. 日志数量；　　　　　　　　　F. 经费使用情况；

G. 其他（注明）_____。

其中各自的比例是：A：B：C：D：E：F：G=_____。

2. 在体系成员的考评中，您是否认同实行首席、执委会和体系成员打

分结合的方式_____。A.认同；B.不认同

如果认同，其相互比例应该是：首席∶执委会∶体系成员

=_____∶_____∶_____。

3.对于考评结果处理，你认为采取何种方式进行通报较好？_____。

A.采取分等定级制（优、良、中、差）；

B.采取单一排名制（分值由高到低排名）；

C.采取定性判断制（合格、不合格）

4.您是否认同体系人员应该建立退出机制：_____。A.认同；B.不认同

（1）如认同，则退出的标准应该是（个人自愿提出退出的除外），如果多选则按照重要性由高到低排序_____。

A.个人精力投入不到70%；

B.经费用于体系工作的比例不到70%；

C.信用评级较差；

D.考核较差、不合格或排名在倒数的10%；

E.其他：_____。

（2）如认同，则退出的程序应该是：_____

_____。

5.现有少部分专家和站长，拿了资助经费却没有干岗位的活，过去干什么现在还干什么，你认为这部分人是可以继续留用还是停止聘用；

_____。

A.立刻停止聘用；　　　　　　B.黄牌警告，查看一年；

C.保留；　　　　　　　　　　D.无所谓

（八）体系运行与其他方面的关系

1.您认为依托单位性质不同对体系工作运行的影响：_____。

　　A. 影响很大；　　B. 影响不大；　　　　C. 没有影响

2. 您认为什么性质的依托单位最能够适合体系的工作：＿＿＿＿＿＿。

　　A. 科研单位；　　B. 高等院校；　　　　C. 推广单位；　　　D. 企业

　　E. 其他

3. 您认为，当前综合试验站与基地示范县之间的关系是：＿＿＿＿＿＿。

　　A. 很明确；　　　B. 比较明确；　　　　C. 明确；　　　　　D. 不明确；

　　E. 不存在关系

4. 在体系内，各关联主体（岗位与岗位、岗位与试验站）之间的工作
　　关系协调程度达到：＿＿＿＿＿＿。

　　A. 完全协调；　　B. 基本协调；　　　　C. 协调；　　　D. 不协调；

　　E. 完全不协调

　　若不协调，主要影响因素是：＿＿＿＿＿＿＿＿＿＿＿＿＿＿＿＿＿＿。

5. 根据你的了解，综合试验站与基地示范县或者地方政府之间的工作
　　联系与配合程度是：＿＿＿＿＿＿。

　　A. 非常紧密；　　B. 紧密；　　C. 一般；　　D. 不紧密；

　　E. 非常差

6. 地方政府对现代农业产业体系有无支持措施？＿＿＿＿＿＿。

　　A. 没有；　　　　B. 有，但不大；　　　C. 有，非常大

　　若有，都有哪些扶持政策？＿＿＿＿＿＿＿＿＿＿＿＿＿＿＿＿＿＿＿

　　＿＿＿＿＿＿＿＿＿＿＿＿＿＿＿＿＿＿＿＿＿＿＿＿＿＿＿＿＿＿＿＿。

7. 如何进一步加强产业技术体系与农业生产之间的结合，不断提高贡
　　献度？＿＿＿＿＿＿＿＿＿＿＿＿＿＿＿＿＿＿＿＿＿＿＿＿＿＿＿＿＿

　　＿＿＿＿＿＿＿＿＿＿＿＿＿＿＿＿＿＿＿＿＿＿＿＿＿＿＿＿＿＿＿＿。

8. 您认为如何有效利用现代农业产业技术体系，解决我国农业科研与

农业生产相互脱节的问题？ _____

_____。

9.您对如何提高团队成员的积极性，保证团队成员精力更多地投入体系工作，有哪些方面的建议？ _____

_____。

三、其他问题的调查

1.本岗位（站）年内工作中成果产出数量情况：_____。

　A.出版专著_____；B.发表论文_____；

　C.培训基层技术人员（社会效益）；D.推广品种_____；

　E.申报专利_____（经济效益）；F.发掘资源_____份；G.其他____

2.您在体系工作过程中，遇到最大的困难或困惑是什么？ _____

_____。

3.您认为衡量体系对产业发展的贡献标准应该是（请排序）：_____。

　A.产业效益有明显提高；

　B.能够实现平稳发展；

　C.产业科技储备有明显增强；

　D.产业规模有明显扩大；

　E.对影响产业发展的关键因素有所预见并有相应对策；

　F.其他_____。

4.在可预见的未来5年，您估计产业技术体系对产业及产业技术发展的贡献能够达到一个什么样的水平？

_____

_____。

5. 您对如何建立产业技术体系国家队的稳定机制有哪些建议？

_____

_____ 。

6. 你认为应该从哪些方面加强，才能更好地推进现代农业产业技术体

系建设工作，提高体系运行效率（简要说明）。

_____

_____

_____ 。

附录2　现代农业产业技术体系运行的农户行为分析问卷

尊敬的农民朋友：

　　您好！为了推进我国食用菌产业的快速发展，需要对您家庭近几年内种植食用菌情况和种植技术需求做一简单调查。我们的调查结果及分析结论将用于我国现代食用菌产业发展相关政策制定的参考之中。希望您能根据实际情况认真填写本调查问卷。非常感谢您能帮助我们完成此项目的调查工作。谢谢！

调查时间：　　年　　月　　日

户主姓名：_____　　身份证号码：_____　　问卷编号：_____

一、基本信息表

家庭成员编号	与户主关系	年龄	性别 A.男 B.女	户口类型 A.农业户口 B.非农户口	全年在家住的月数	文化程度* A.小学及以下 B.初中 C.高中或中专 D.大专及以上	是否在本村或村级以上政府部门担任干部 A.是 B.否	是否具备某项专业技能（在本村获得大家认可的，如泥瓦、兽医、突出种养技术、手工艺品加工、文艺表演、经营管理等技能）
1								
2								
3								
4								
5								

7—15岁儿童		年龄	性别 A.男 B.女	户口类型 A.农业户口 B.非农户口	是否上学	年级	上年度学费	本年度学费
	1							
	2							
	3							

除了食用菌以外家中主要从事的农业生产有**	种植	种植面积	养殖	养殖规模	其他	其他收入

注：* 小学、初中、高中等肄业的，请详细注明。如：小学4年或初中2年等。

　** 种植类的填写主要粮食作物、经济作物或果林等，养殖类的填写主要用来提供商品的畜禽鱼虾等，其他填写加工、服务业等。

问　　题	答案栏	
本村地形：1. 山地；2. 平原；3. 丘陵；4. 湖区； 5. 其他		
	上年度	本年度
家庭总收入（元）		
其中食用菌现金收入（元）		
食用菌以外现金收入（元）		
家庭平均每月日常支出（元）		
家庭劳动力数量（人）		
外出务工人数（人）		
自家生产食用菌所用劳动力（人）		

二、农户种植食用菌投入产出调查表（上年度和本年度分别记入下表）

种植食用菌品种	上年度		本年度		
种植总面积 （m²、袋）	上年度 本年度	鲜重产量 （公斤/年）	上年度 本年度	食用菌收 入（元）	上年度 本年度
收购最高价格 （元/公斤）	上年度 本年度	收购最低价 格（元/公 斤）	上年度 本年度	收购平均 价格（元/ 公斤）	上年度 本年度
直接费用	项目		上年度	本年度	
	菌种费				
	农家肥（折合元）				
	化肥（元）				
	麦秆/稻草（元）				
	石膏灰（元）				
	营养液总金额（元）				
	农药总金额（元）				
	薄膜费用（元）				
	棚架材料费				

直接费用	技术培训、咨询、辅导费用（元）		
	其他直接的生产费用（元）		
	食用菌生产雇佣人员工时（日）		
	雇佣人员工资（元／日）		
	雇佣人员工资支出		
直接费用总计（元）			
劳动用工	搭架用工		
	备料用工		
	堆料用工		
	进房用工		
	后发酵用工		
	播种用工		
	菌床管理用工（菌丝培养、覆土等）		
	采收用工		
	保鲜包装用工		
	运输		
	直接生产用工总数		
	每劳动日工价（元）		
劳动用工费用总计（元）			
生产成本总计（元）（直接费用＋劳动用工）			

三、食用菌种植技术需求调查内容

（一）备料前

A. 搭架环节

1. 搭架时使用哪些农业生产技术？＿＿＿＿＿＿

2. 您最希望在此生产阶段获得何种技术？（可多选）＿＿＿＿＿

　　1= 轻巧耐用棚架；2= 菇棚覆盖新材料；3= 其他＿＿＿＿＿（请注明）；

4= 不需要任何技术

B. 购种环节

1. 您一般通过什么渠道了解食用菌新品种_____

  1= 农技推广站的技术人员；2= 电视或广播；3= 报纸或书籍；4= 亲朋或邻居；5= 农资公司的推销人员；6= 其他_____

2. 您觉得哪种推广食用菌新产品的方式最好？_____

  1= 现场示范；2 定期咨询；3= 培训；4= 电视广播；5= 其他_____

3. 有专业的农业技术人员在播种前进行品种推广或建议吗？_____

4. 您去哪里购买菌种_____

  1= 农技推广站；2= 农资公司；3= 自留种；4= 食用菌企业或公司；5= 其他_____

5. 您目前种植的食用菌品种是_____

  对这种品种满意吗？_____1= 很满意；2= 比较满意；3= 不是很满意；4= 完全不满意。

6. 近三年来种植过的食用菌品种有_____

7. 新的食用菌品种较传统品种有哪些优势和缺点？_____

8. 您最希望新品种在以下哪些方面可以改进？（可多选）_____

  1= 菌菌种品质（菌菌种的纯度、活力、培育时间、抗逆能力）；2= 抗虫病；3= 成本（菌菌种价格）；4= 产量；5= 营养成分；6= 味道；7= 其他_____

  按照重要程度排序（小到大）_____

9. 购买新的食用菌品种，您优先考虑的问题是：_____

  1= 产量；2= 食用菌销售价格；3= 成本（菌种价格）；4= 品质（菌种的纯度、活力、培育时间、抗杂能力）；5= 购买此品种人数多少；

6= 抗虫病；7= 其他_____

10. 购种时需要专业人员的指导吗？_____

11. 菌种投入成本_____，购买菌种数量_____

（二）食用菌生产中

1. 在各阶段有无技术人员进行指导？相比而言，在食用菌生产的哪个阶段最需要技术人员的技术指导？（在对应处画√，并在画√栏下方填写具体哪个方面最需要农技人员的技术指导，按照重要程度排序）

食用菌生产阶段	备 料	堆 料	进 房	后发酵	播 种
实际指导（有指导的打√）					
最需要技术指导：在对应栏下打√					
具体哪个方面最需要技术指导					
食用菌生产阶段	菇床管理	采收	保鲜包装	运输	
实际指导（有指导的打√）					
最需要技术指导：在对应栏下打√					
具体哪个方面最需要技术指导					

2. 希望获得什么样的技术？_____

　　1= 轻简化栽培；2= 迟播促早发；3= 病虫害防治；4= 抗杂；5= 通风技术；6= 保湿技术；7= 其他_____

3. 食用菌生产中您最担心发生_____；怎样应对_____

　　1= 菌种品质差；2= 菌包原料不足；3= 病虫害；4= 其他_____

4. 您的食用菌一般容易发生哪种病害？_____

　　1= 真菌疾病（木霉菌；毛霉；根霉；红粉菌；曲霉；酵母菌；鬼伞）；

2= 细菌疾病（斑点病；干腐病）；3= 蘑菇病毒病；4= 生理性病害（菌丝陡长；死菇；水锈菇；畸形菇；硬开菇；空心菇）；5= 虫害（螨类；菇蝇；菇蚊；瘿蚊；跳虫；线虫）；6= 其他 ＿＿＿＿＿＿＿

5. 在食用菌害病或生长发育不良前使用药物预防吗？＿＿＿＿＿＿＿＿

具体的药物和措施是：＿＿＿＿＿＿＿＿＿＿＿＿＿＿＿＿＿＿＿＿

6. 您认为尝试一项新的栽培技术存在的风险＿＿＿＿＿＿＿

1= 较高，投入较大，成本难以收回的可能性较大，比较担心收益；

2= 一般，成本可以收回的可能性较大，相信现代先进技术；

3= 较低，投入可能很小或很大，但收回成本可能性非常大。

7. 关注食用菌生产技术的改进吗？会主动采用吗？＿＿＿＿＿＿

1= 频率较高，能经常采用一些新技术；2= 频率一般，较关注新技术新产品的采用；3= 频率较低，偶尔采用；4= 不采用，从未更换过食用菌品种或采用新的生产技术

四、农户销售行为及市场流通、交易费用、贸易形式调查

1. 您近两年食用菌销售存在滞销吗？□ 是　□ 否

2. 你认为存在滞销的原因是：□市场行情不好　□不了解需求信息　□食用菌生产太多　□交通状况差，商贩不愿意上门　□ 其他（请注明）＿＿＿＿＿＿＿＿＿＿＿＿＿

3. 您家出售食用菌主要通过哪些渠道？□自己到农贸市场销售　□通过"食用菌商贩"出售　□通过经纪人或者食用菌协会等中介销售 □通过政府农业局（部门）　□通过蔬菜批发市场批发销售　□通过"公司＋农户"销售　□其他途径＿＿＿＿＿＿＿＿＿＿＿（可多选）

4. 您通过何种途径了解食用菌需求信息：□需求者自己上门　□通过

网络　□政府部门发布　□合作社提供　□亲友介绍　□其他（请注明）_____

5. 您通过"食用菌"协会或者龙头企业销售食用菌的比例占您家销售总量的：□0%　□30% 以下　□30%—50%　□50%—80%　□80%以上

6. 您买过"经纪人"或"中介组织"出售的食用菌菌种的比例占您家菌种使用总量的：□0%　□30% 以下　□30%—50%　□50%—80%　□80% 以上

7. 您自己到批发市场批发销售或直接到农贸市场销售的比例占您家销售总量的：□0%　□30% 以下　□30%—50%　□50%—80%　□80% 以上

8. 您了解省内食用菌市场行情吗？□了解　□不了解

您了解国内食用菌市场行情吗？□了解　□不了解

您了解国外食用菌市场行情吗？□了解　□不了解

9. 您知道市场上售价最高的食用菌品种吗？□了解　□不了解；您知道消费者或顾客最喜欢的食用菌品种吗？□了解　□不了解

10. 您了解本地食用菌在淡季和旺季销售价格差别大吗？□不大　□很大　□不知道；淡季和旺季销售价格一般相差_____元。

11. 您是通过哪些途径了解食用菌市场销售行情？□食用菌商贩　□经纪人或食用菌协会　□互联网　□电视　□广播　□政府发布的信息　□自己去农贸市场打听　□向同村食用菌种植农户相互打听　□其他途径_____（可多选）。

12. 您是否核算过每斤食用菌的成本：□大概核算过　□比较精确的核算过　□不核算

如果核算过，上年度您家的食用菌成本每斤_____元。

13. 您和食用菌商贩的结算方式为：□代销　□现金交易　□支付部分定金

　　如果是中介介绍，是否要付给中介人一定费用：□是　□否，如果是，中介费是按_____标准支付的。

14. 如果今年来贩运食用菌的商贩少了，您认为会影响您家的食用菌销售吗？□影响不大　□没影响　□影响很大。

15. 您和食用菌商贩对食用菌等级的认定是否一致？□完全不一致　□经常不一致　□有时一致，有时不一致　□多数情况下一致　□完全一致

　　您是按照_____标准划分食用菌等级的，商贩是按照_____标准划分食用菌等级的。

16. 您知道食用菌要经过几次批发才能卖到顾客手里：□一次　□两次　□三次　□四次　□不知道

17. 从您家将食用菌运到最近的蔬菜批发市场，需要多长时间的路程：□一小时以下　□1—3小时　□3—6小时　□6—12小时　□12小时以上。

18. 您所在地区的公路属于：□国道　□省级公路　□地（县）级公路　□村村通公路　□乡间泥路　□其他（请注明）_____

　　运输路程是否要缴纳过桥费：□是　□否，一次一农用车的运费是_____元。

19. 蔬菜批发市场的交易方式是：□当面谈价　□公开竞价　□拍卖　□其他交易方式

20. 您家在出售食用菌时，组织食用菌运输有困难吗？□有一些困难

□没困难　□有很大困难　您家有自己的运输工具吗？□有　□没有，如果有，是＿＿＿＿＿＿＿＿＿＿＿＿＿＿＿＿。

21. 您与食用菌商贩商定的销售价格，您觉得价格公平吗？□公平　□有些不公平　□很不公平。

22. 您有过和食用菌加工企业或者农业企业签订过食用菌收购协议吗？□有过　□没有，如果有，能按照协议合同履行吗？□能　□不能。如果订单没有被履行，有哪些原因？□质量没有达到合同要求　□价格不合理　□其他（请注明）＿＿＿＿＿＿＿＿＿＿＿＿＿

23. 您的食用菌在出售前作过哪些粗加工情况？□清理　□分拣　□清洗　□包装　□未加工；如果做过粗加工，是通过哪些方式完成的？□自己利用自有的设备完成的　□通过专门的加工企业完成的。

24. 如果有条件，您愿意将食用菌冷藏保鲜到＿＿＿＿＿＿销售；您觉得是这样收益大还是食用菌收获时就出售收益大？□冷藏后　□收获时就出售　□不确定；您所在地区是如何冷藏保鲜的：□地窖　□租用冷库　□其他（请注明）＿＿＿＿＿＿＿

25. 您是否加入了食用菌协会、产销合作社之类的组织？□是　□否

26. 您认为如果有这样的组织，会帮助您们家销售食用菌，获得市场信息吗？□肯定能　□可能　□不可能　□不知道

27. 如果当地有类似的协会、合作社，而您又没有加入，是出于哪些考虑呢？□这些组织对销售没有帮助　□对合作社不了解　□加入合作社要缴费用　□其他（请注明）＿＿＿＿＿＿＿＿＿＿＿＿

28. 您认为影响食用菌价格的主要原因有哪些？□品质好　□亲友代理销售　□品种对路　□产量高　□品种不对路　□质量不好　□收购商压级压价

29. 近年来您的食用菌销售价格（元 / 公斤）变化情况

具体品种名称	上上年度	上年度	本年度

附录3　现代农业产业技术体系运行的
农户固定观察点问卷

_____省_____县（市）_____乡（镇）_____村_____组

尊敬的农民朋友：

　　您好！为了推进我国食用菌产业的快速发展，需要对您家庭近几年来食用菌生产情况作一简单调查。以上调查结果及分析结论将用于我国食用菌产业发展相关政策制定的参考之中。希望您能根据实际情况认真填写本调查问卷，谢谢！

调查时间：　　年　　月　　日

户主姓名：_____　　调查员：_____　　问卷编号：_____

第一部分　基本情况

1. 家庭人口数：_____，其中家庭劳动力数量_____。

2. 家庭成员基本情况：

1	2	3	4	5	6	7	8	9
家庭成员编码	性别 1.男 2.女	年龄（周岁）	与户主关系 1. 户主 2. 配偶 3. 子女 4. 孙辈 5. 父母 6. 兄弟姐妹 7. 儿媳 8. 其他，请注明	文化程度 1. 小学及以下 2. 初中 3. 高中及中专 4. 大专及以上	是否村组干部? 1.是 0.否	是否具备专业技能? 1.是 0.否	年度内在自家地里农忙了多少个月?（月）	该年度非农收入是多少？（元）［包括从事：1. 运输 2. 建筑装修 3. 纺织服装 4. 制造加工 5. 服务饮食 6. 做小生意 7.务农（替他人种地的情况）8.其他等行业收入］
1								
2								
3								
4								
5								
6								

3. 农业生产情况：［说明：自己经营农业的情况］

主要的食用菌种植品种	上年度：			本年度：			
种植总面积（㎡、袋）：注明详细	上年度_____ 本年度_____	鲜重产量（公斤/年）	上年度_____ 本年度_____	食用菌收入（元）	上年度_____ 本年度_____		
收购最高价格（元/公斤）	上年度 本年度	收购最低价格（元/公斤）	上年度 本年度	收购平均价格（元/公斤）	上年度 本年度		

续表

	种植品种	种植面积	种植收入	养殖品种	养殖面积	养殖收入	其他	其他收入
除了食用菌以外本年度年家中主要从事的农业生产有？								
本年度农业生产总收入（元）	即，食用菌及其他农业生产收入之和							

4. 您通常去的集市是否在你们乡所在地？［代码：1.是，2.不是］_____；

每月逢几赶集？（说明：每日有市填1，否则填0）_____；您通常一个月去集市几次？_____次；

乘用何种交通工具［代码：1.汽车，2.摩托，3.自行车，4.拖拉机，5.步行，6.其他］_____；

集市离您家有多远？_____公里；使用上述交通工具通常需多长时间？_____小时。

第二部分　现代农业（食用菌）生产综合效益情况

该部分内容填制说明：现代农业产业技术体系运行以来，农户（食用菌种植户）作为现代农业产业技术体系运行的受益者，或多或少感受到了现代农业产业技术体系运行对自身的影响，请您结合自身认识，就已经或即将发生的变化如实作答，该部分分为四个小部分，各题项全部为单选题，每题五个选项。

（一）经济绩效方面：总产量、成本效益、要素生产率变化

1. 现代农业产业体系协同创新项目开展以来，您认为您家食用菌种植品种结构变得更合理了吗？_____

　　A. 非常合理　　　B. 比较合理　　　　C. 一般　　　　D. 不太合理

　　E. 非常不合理

2. 近年来，您家种植规模（面积）是多少？_____，感觉该生产规模合理吗？_____

　　A. 非常合理　　　B. 比较合理　　　　C. 一般　　　　D. 不太合理

　　E. 非常不合理

3. 近年来，您家食用菌单位种植面积所需农业生产资料数量的变化情况是？_____

　　A. 下降　　　　　B. 上升　　　　　　C. 维持不变

　　若选择下降，那下降程度明显吗？_____

　　A. 非常明显　　　B. 比较明显　　　　C. 一般　　　　D. 下降不明显

　　E. 几乎没下降

4. 近年来，您家食用菌单位种植面积所需工时的变化情况是？_____

　　A. 下降　　　　　B. 上升　　　　　　C. 维持不变

　　若选择下降，那下降程度明显吗？_____

　　A. 非常明显　　　B. 比较明显　　　　C. 一般　　　　D. 下降不明显

　　E. 几乎没下降

5. 近年来，您家食用菌种植收益的变化情况是？_____

　　A. 减少　　　　　B. 提高　　　　　　C. 维持不变

　　若选择提高，那提高的程度明显吗？_____

A. 非常明显　　　B. 比较明显　　　　C. 一般　　　　D. 提高不明显

E. 几乎没提高

6. 现代农业产业体系协同创新项目开展以来，对食用菌产量提高有帮助吗？_____

A. 帮助很大　　　B. 帮助较大　　　C. 一般　　　　D. 帮助不大

E. 没有帮助

7. 现代农业产业体系协同创新项目开展以来，对您家食用菌品质的改善有帮助吗？_____

A. 帮助很大　　　B. 帮助较大　　　C. 一般　　　　D 帮助不大

E. 没有帮助

8. 现代农业产业体系协同创新项目开展以来，对您家食用菌向外销售价格的提高有帮助吗？_____

A. 帮助很大　　　B. 帮助较大　　　C. 一般　　　　D. 帮助不大

E 没有帮助

9. 近年来，您家在食用菌生产中获得技术服务的质量（如农技推广）怎么样？_____

A. 非常高　　　　B. 比较高　　　　C. 一般　　　　D. 不太高

E. 非常低

（二）生态环境方面：资源节约、对生态环境影响等，对木质等生产资料的需求趋势

1. 现代农业产业体系协同创新项目开展以来，对当地农民环保意识的提高有帮助吗？_____

A. 帮助很大　　　B. 帮助较大　　　C. 一般　　　　D. 帮助不大

E. 没有帮助

2. 现代农业产业体系协同创新项目开展以来，对食用菌生产中节约使用化肥、农药、薄膜等生产资料有帮助吗？_____

A. 帮助很大　　　B. 帮助较大　　　C. 一般　　　D. 帮助不大

E 没有帮助

3. 现代农业产业体系协同创新项目开展以来，对食用菌生产中节约使用水资源有帮助吗？_____

A. 帮助很大　　　B. 帮助较大　　　C. 一般　　　D. 帮助不大

E. 没有帮助

4. 现代农业产业体系协同创新项目开展以来，您在食用菌生产中土地利用方式更为合理吗？_____

A. 非常合理　　　B. 比较合理　　　C. 一般　　　D. 不太合理

E. 非常不合理

5. 食用菌生产中，基料使用合理吗？_____

A. 非常合理　　　B. 比较合理　　　C. 一般　　　D. 不太合理

E. 非常不合理

6. 现代农业产业体系协同创新项目开展以来，对缓解滥采滥伐林木用于生产食用菌有帮助吗？（仅限木腐菌种植户）_____

A. 非常明显　　　B. 比较明显　　　C. 一般　　　D. 下降不明显

E. 几乎没下降

7. 现代农业产业体系协同创新项目开展以前，您是怎么处理食用菌生产废弃物（如菌棒、药瓶）的？_____（填空），目前呢？_____您认为较以前的处理方式更为合理了吗？_____

A. 非常合理　　　B. 比较合理　　　C. 一般　　　D. 不太合理

E. 非常不合理

（三）社会效益方面：就业、收入及生活水平

1. 现代农业产业体系协同创新项目开展以来，对您加深国家农业政策
   的了解有帮助吗？＿＿＿＿＿

   A. 帮助很大　　　B. 帮助较大　　　C. 一般　　　D. 帮助不大

   E. 没有帮助

2.. 现代农业产业体系协同创新项目开展以来，您认为对家庭剩余劳动
   力的转移有帮助吗？＿＿＿＿＿

   A. 帮助很大　　　B. 帮助较大　　　C. 一般　　　D. 帮助不大

   E. 没有帮助

3. 现代农业产业体系协同创新项目开展以来，您认为对改善现代农业
   科技的应用状况有帮助吗？＿＿＿＿＿

   A. 帮助很大　　　B. 帮助较大　　　C. 一般　　　D. 帮助不大

   E. 没有帮助

4. 现代农业产业体系协同创新项目开展以来，您认为对加强同有关部
   门的联系（如技术推广部门、政府）有帮助吗？＿＿＿＿＿

   A. 帮助很大　　　B. 帮助较大　　　C. 一般　　　D. 帮助不大

   E. 没有帮助

5. 现代农业产业体系协同创新项目开展以来，您认为对缓解家庭支出
   压力有帮助吗？＿＿＿＿＿

   A. 帮助很大　　　B. 帮助较大　　　C. 一般　　　D. 帮助不大

   E. 没有帮助

6. 现代农业产业体系协同创新项目开展以来，您认为对改善本地农业
   产业结构有帮助吗？＿＿＿＿＿

   A. 帮助很大　　　B. 帮助较大　　　C. 一般　　　D. 帮助不大

E. 没有帮助

7. 现代农业产业体系协同创新项目开展以来，您认为对促进当地农民
脱贫致富有帮助吗？_____

　　A. 帮助很大　　　B. 帮助较大　　　C. 一般　　　　D. 帮助不大

　　E. 没有帮助

8. 现代农业产业体系协同创新项目开展以来，您认为对缩小本地居民
收入差距有帮助吗？_____

　　A. 帮助很大　　　B. 帮助较大　　　C. 一般　　　　D. 帮助不大

　　E. 没有帮助

9. 现代农业产业体系协同创新项目开展以来，您认为对提高当地财政
收入有帮助吗？_____

　　A. 帮助很大　　　B. 帮助较大　　　C. 一般　　　　D. 帮助不大

　　E. 没有帮助

10. 现代农业产业体系协同创新项目开展以来，您认为对改善当地农民
生活品质有帮助吗？_____

　　A. 帮助很大　　　B. 帮助较大　　　C. 一般　　　　D. 帮助不大

　　E. 没有帮助

（四）可持续发展方面：可持续发展能力提升

1. 现代农业产业体系协同创新项目开展以来，您认为对当地农户市场
观念提高有帮助吗？_____

　　A. 帮助很大　　　B. 帮助较大　　　C. 一般　　　　D. 帮助不大

　　E. 没有帮助

2. 现代农业产业体系协同创新项目开展以来，您认为对您食用菌种植
专业技能水平的提高有帮助吗？_____

A. 帮助很大　　　B. 帮助较大　　　C. 一般　　　D. 帮助不大

E. 没有帮助

3. 现代农业产业体系协同创新项目开展以来，您认为对自身信息获取

能力的提升有帮助吗？_____

A. 帮助很大　　　B. 帮助较大　　　C. 一般　　　D. 帮助不大

E. 没有帮助

4. 现代农业产业体系协同创新项目开展以来，您认为对自身食用菌生

产抗风险能力增强有帮助吗？_____

A. 帮助很大　　　B. 帮助较大　　　C. 一般　　　D. 帮助不大

E. 没有帮助

5. 现代农业产业体系协同创新项目开展以来，您认为对食用菌销售有

帮助吗？_____

A. 帮助很大　　　B. 帮助较大　　　C. 一般　　　D. 帮助不大

E. 没有帮助

6. 现代农业产业体系协同创新项目开展以来，您认为对食用菌生产资

金的获取有帮助吗？_____

A. 帮助很大　　　B. 帮助较大　　　C. 一般　　　D. 帮助不大

E. 没有帮助

7. 现代农业产业体系协同创新项目开展以来，您认为对食用菌生产技

术的获取有帮助吗？_____

A. 帮助很大　　　B. 帮助较大　　　C. 一般　　　D. 帮助不大

E. 没有帮助

8. 现代农业产业体系协同创新项目开展以来，您认为对本地食用菌产

品知名度的提高有帮助吗？_____

A. 帮助很大　　　B. 帮助较大　　　C. 一般　　　D. 帮助不大

E. 没有帮助

9. 现代农业产业体系协同创新项目开展以来，您认为对本地食用菌制

种企业、加工企业发展有帮助吗？

A. 帮助很大　　　B. 帮助较大　　　C. 一般　　　D. 帮助不大

E. 没有帮助

10. 现代农业产业体系协同创新项目开展以来，您认为对推进当地基础

设施建设有帮助吗？_____

A. 帮助很大　　　B. 帮助较大　　　C. 一般　　　D. 帮助不大

E. 没有帮助

11. 现代农业产业体系协同创新项目开展以来，您认为当地食用菌产业

整体竞争力水平的提升有帮助吗？_____

A. 帮助很大　　　B. 帮助较大　　　C. 一般　　　D. 帮助不大

E. 没有帮助

感谢您的参与，谢谢。

参 考 文 献

1. 包国宪、修卿善:《构建高绩效知识型团队的策略》,《中国软科学》2010 年第 4 期。

2. 包庆丰、王剑:《林农对林业社会化服务体系需求分析——基于内蒙古巴彦淖尔市林农调查》,《林业经济》2010 年第 5 期。

3. 蔡小慎:《科教投入协调发展的就业效应与促进就业的对策探析》,《中国行政管理》2009 年第 12 期。

4. 程名望、阮青松:《资本投入、耕地保护、技术进步与农村剩余劳动力转移》,《中国人口·资源与环境》2010 年第 8 期。

5. 陈开军、贺彩银、张永丽:《剩余劳动力转移与农业技术进步——基于拉—费模型的理论机制与西部地区八个样本村的微观证据》,《产业经济研究》2010 年第 1 期。

6. 陈学光、俞红、樊利钧:《研发团队海外嵌入特征、知识搜索与创新绩效——基于浙江高新技术企业的实证研究》,《科学学研究》2010 年第 1 期。

7. 陈春花、杨映:《科研团队领导的行为基础、行为模式及行为过程研究》,《软科学》2002 年第 4 期。

8. 丛杭青、王华平、沈琪:《合作研究及其认识论评价》,《科学学研究》2004 年第 5 期。

9. 戴勇、范明:《科研团队有效性与主要影响因素关系研究》,《中国科技论坛》2009 年第 10 期。

10. 道格兰斯·C. 诺思:《制度、制度变迁与经济绩效》,格致出版社 2008 年版。

11. 丹尼尔·C. 布罗姆利:《经济利益与经济制度——公共政策的理论基础》,上海人民出版社 1996 年版。

12. 樊胜根、菲利普·帕德、钱克明:《中国农业研究体系——历史变迁及对农业生产的作用》,中国农业出版社 1994 年版。

13. 高杰:《中国政府 R&D 投入对就业的效应研究》,《中南财经政法大学学报》2007 年第 3 期。

14. 黄季焜、胡瑞法:《中国农业科研投资:挑战与展望》,中国财政经济出版社 2003 年版。

15. 何平、骞金昌:《中国制造业:技术进步与就业增长实证分析》,《统计研究》2007 年第 9 期。

16. 蒋日富、霍国庆、谭红军、郭传杰:《科研团队知识创新绩效影响要素研究——基于我国国立科研机构的调查分析》,《科学学研究》2007 年第 2 期。

17. 晋琳琳:《高校科研团队知识管理系统要素研究——来自教育部创新团队的实证分析》,《管理评论》2010 年第 5 期。

18. 康旭东、王前、郭东明:《科研团队建设的若干理论问题》,《科学学研究》2005 年第 4 期。

19. 课题组:《现代农业产业技术体系理论与实践》,中国财政经济出版社 2010 年版。

20. 柯江林、孙健敏、石金涛、顾琴轩:《企业 R&D 团队之社会资本与团队效能关系的实证研究——以知识分享与知识整合为中介变量》,《管理世界》2007 年第 3 期。

21. 刘顺忠、官建成:《区域创新系统创新绩效的评价》,《中国管理科学》2001 年第 1 期。

22. 刘惠琴、张德:《高校学科团队中魅力型领导对团队创新绩效影响的实证研究》,《科研管理》2007 年第 4 期。

23. 李昕芮:《辽宁省科教财政投入的就业效应研究》,大连理工大学,硕士学位论文,2010 年。

24. 李明斐、李丹、卢小君:《学习型组织对企业绩效的影响研究》,《管理学报》2007 年第 4 期。

25. 李志宏、朱桃、赖文娣:《高校创新型科研团队隐性知识共享意愿研究》,《科学学研究》2010 年第 4 期。

26. 马君:《权变激励与有效绩效评价系统设计研究》,《科研管理》2009 年第 2 期。

27. 牛若峰:《发展模式、技术进步与农业劳动力转移》,《农业技术经济》1995 年第 5 期。

28. 彭绪庶、齐建国:《对美国技术进步与就业关系的研究》,《数量经济技术经济研究》2002 年第 11 期。

29. 齐建国:《中国总量就业与科技进步的关系研究》,《数量经济技术经济研究》2002 年第 12 期。

30. 乔恩·R.卡曾巴赫、道格拉斯·K.史密斯:《团队的智慧:创建绩优组织》,经济科学出版社 1999 年版。

31. 冉光和、曹跃群:《资本投入、技术进步与就业促进》,《数量经济技术经济研究》2007 年第 2 期。

32. 单红梅:《企业技术创新绩效的综合模糊评价及其应用》,《科研管理》2002 年第 6 期。

33. 尚润芝、龙静:《高科技企业研发团队的创新管理:网络结构、变革型领导对创新绩效的影响》,《科学管理研究》2010 年第 5 期。

34. 施琴芬、张运华、胡泽平、杨振华、孟晓华:《高校教师隐性知识转移与共享因素分析》,《科学学与科学技术管理》2008 年第 12 期。

35. 汤超颖、朱月利、商继美:《变革型领导、团队文化与科研团队创造力的关系》,《科学学研究》2011 年第 2 期。

36. 陶然、彭正龙、季光辉:《基于结构方程模型的组织认知影响创新绩效实证研究》,《情报杂志》2009 年第 8 期。

37. 王检贵、丁守海:《中国究竟还有多少农业剩余劳动力》,《中国社会科学》2005 年第 5 期。

38. 王光栋、叶仁荪、王雷:《技术进步对就业的影响:区域差异及政策选择》,《中国软科学》2008 年第 11 期。

39. 王青云、饶扬德:《企业技术创新绩效的层次灰色综合评判模型》,《数量经济技术经济研究》2004 年第 5 期。

40. 王文甫:《政府支出、技术进步对劳动就业的效应分析》,《经济科学》2008 年第 3 期。

41. 王雅鹏:《推进湖北省现代农业发展的思考》,《华中农业大学学报（社会科学版）》2011 年第 4 期。

42. 王泽宇、王蕊、王国锋:《科研团队领导者的社会网络交互及其对团队绩效的影响》,《南开管理评论》2014 年第 1 期。

43. 魏后凯:《我国地区工业技术创新力评价》,《中国工业经济》

2004 年第 5 期。

44. 邢一亭、孙晓琳、王刊良：《科研团队合作效果研究——一个高校科研团队合作状况的调查分析》,《科学学与科学技术管理》2009年第 1 期。

45. 许治、陈丽玉、王思卉：《高校科研团队合作程度影响因素研究》,《科研管理》2015 年第 5 期。

46. 徐加、黄祖辉：《技术进步与农业劳动力转移》,《农业经济问题》1992 年第 12 期。

47. 姚战琪、夏杰长：《资本深化、技术进步对中国就业效应的经验分析》,《世界经济》2005 年第 1 期。

48. 谢彩霞、刘则渊：《科研合作及其科研生产力功能》,《科学技术与辩证法》2006 年第 1 期。

49. 余源源：《中国技术进步的就业效应基于 VAR 模型的实证分析》,《软科学》2008 年第 6 期。

50. 张红霞、赵黎明、曹惠：《扩大就业的技术进步对策：基于山东省的分析》,《现代管理科学》2009 年第 6 期。

51. 张银定、钱克明：《我国农业科研体系的制度变迁与科研体制改革的绩效评价研究》, 中国农业科学院, 博士学位论文, 2006 年。

52. 张鹏程、彭菡：《科研合作网络特征与团队知识创造关系研究》,《科研管理》2011 年第 7 期。

53. 赵时亮、陈通：《虚拟科研团队及其管理研究》,《科学学与科学技术管理》2005 年第 5 期。

54. 朱轶、熊思敏：《技术进步、产业结构变动对我国就业效应的经验研究》,《数量经济技术经济研究》2009 年第 5 期。

55. 朱传一:《科学技术发展与美国就业问题》，劳动人事出版社 1985 年版。

56. 郑小勇、楼鞅:《科研团队创新绩效的影响因素及其作用机理研究》,《科学学研究》2009 年第 9 期。

57.Afriat,Sidney N., "Efficiency Estimation of Production Functions", *International Economic Review*, 1972(3).

58.Banker R.D., A.Charnes,and W.W.Cooper, "Some Models for Estimating Technical and Scale Inefficiencies in Data Envelopment Analysis", *Management Science*, 1984(9).

59.Campion M. A.,Medsker G. J.,Higgs A. C., "Relations between Work Group Characteristics and Effectiveness:Implications for Designing Effective Work Groups", *Personnel Psychology*, 1993(4).

60.Campion M. A.,Papper E. M.,Medsker G. J., "Relations between Work Group Characteristics and Effectiveness:A Replication and Extension", *Personnel Psychology*, 1996(2).

61.Carmen C.o,Maria De La Luz F.A., Salustiano M.F., "Infulence of Top Management Team Vision and Work Team Charhcteristics on Innovation: The Spanish Case", *European Journal of Innovation Managment*, 2006(2).

62.Cronbach,L.J., "Coefficient Alpha and the Internal Structure of Tests", *Psychometrika*, 1951(16).

63.Coelli,T.J., Rao, D.S.P., O'Donnell, C.J., Battese, G.E., *An Introduction to Efficiency and Productivity Analysis (2nd Edition)*, CO: Springer Press, 2005.

64.Douglass C.North, *Structure and Change in Economic History*, New York/London: W.W.Norton & Company,1981.

65.Engle, R.F. and C.W.J.Granger, "Co–Integration and Error–Correction: Representation, Estimation, and Testing", *Econometrica*, 1987(2).

66.Eva Kirner,Steffen Kinkel,Angela, "Jaeger Innovation Paths and the Innovation Performance of Low–technology Firms——An Empirical Analysis of German Industry", *Research Policy*, 2009(3).

67.Fried H. O. Lovell C. A. K. Schmidt S. S.,Yaisawarng S., "Accounting for Environmental Effects and Statistical Noise in Data Envelopment Analysis", *Journal of Productivity Analysis*, 2002(17).

68.Greene W. H., "On the Asymptotic Bias of the Ordinary Leastsquares Estimator of the Tobit Model", *Econometrica*, 1981(2).

69.Hackman J. R., *A Normative Model of Work Team Effectiveness*, New Haven:Yale University Press,1983.

70.Hans J.Thamhain, "Managing Innovative R&D Teams", *R&D Management*, 2003(3).

71.James D.Adams,Grant C.Black,J.Roger Clemmons, Paula E.Stephan, "Scientific Teams and Institutional Collaborations:Evidence from U.S. Universities, 1981–1999", *Research Policy*, 2005(3).

72.J.A.Clark, "Technical Change and the Prospects for Employment–A Suitable Case for Analysis? ", *European Journal of Operational Research*, 1985 (2).

73.Jondrow, J., C.A.K.Lovell, I.Materov, and P.Schmidt, "On the Estimation of Technical Inefficiency in the Stochastic Frontier Production Function Model", *Journal of Econometrics*, 1982 (2/3).

74.Krsto Pandza,Terry A.Wilkins,Eva A.Alfoldi, "Collaborative Diversity in a Nanotechnology Innovation System:Evidence from the EU Framework Programme",*Technovation*, 2011(9).

75.Lovell, C.A.K., *Production Frontiers and Productive Efficiency in the Measurement of Productive Efficiency: Techniques and Applications*, New York: Oxford University Press, 1993.

76.Marco Vivarelli,Rinaldo Evangelista,Mario Pianta, "Innovation and Employment in Italian Manufacturing Industry", *Research Policy*, 1996(7).

77.Mcgrath J. E., *Social Psychology:A Brief Introduction*, New York: Holt Press, 1964.

78.Nicholas S.Vonortas,Richard N., Spivack, "Managing Large Research Partnerships: Examples from the Advanced Technology Program's Informaton Infrastructure for Healthcare Program", *Technovation*, 2006(10).

79.Pilar de Luis C.,Sanchez A. M.,Perez M. P.,et al., "Team Empowerment:an Empirical Study in Spanish University R&D Teams", *International Journal of Human Resources Development and Management*, 2005(1).

80.Roberto M.Samaniego, "Can Technical Change Exacerbate the Effects of Labor Market Sclerosis? ", *Journal of Economic Dynamics and Control*, 2008(2).

81.Rolf Fare, Shawna Grosskopf, James Logan, "The Relative Efficiency of IIIinois Electric Utilities", *Resource and Energy*, 1983(4).

82.Senge P., *The Fifth Discipline the Art and Practice of the Learning Organization*, New York:Bantam Doubleday Deli,1990.

83.Stewart G. L.,Barrick M. R., "Team Structure and Performance: Assessing the Mediating Role of Intrateam Process and the Moderating Role of Task Lype",

Academy of Management Journal, 2000(2).

84.Stevens J., *Applied Multivariate Statistics for the Social Sciences (First Edition)*, New Jersey: Lawrence Erlbaum Associates, 1986.

85.Ute R.Hülsheger,Neil Anderson, Jesus F.Salgado, "Team-Level Predictors of Innovation at Work: A Comprehensive Meta-Analysis Spanning Three Decades of Research", *Journal of Applied Psychology*, 2009(5).

86.Watjins K. E.,Marsick V. J., "Demonstrating the Value of an Organization's Learning Culture: The Dimensions of the Learning Organization Questionnaire", *Advances in Developing Human Resources*, 2003(2).

87.Yuwen Liu,Robert T.Keller and Hsi-An Shih, "The Impact of Team-member Exchange, Differentiation,Team Commitment,and Knowledge Sharing on R&D Project Team Performance", *R&D Management*, 2011(3).

后　记

　　一晃学业生涯已经过去六年，回首过去的六年光阴，有艰辛和痛苦，更有欢乐与喜悦。很庆幸自己能一直在农业经济领域努力，自进入农经的大门我已在这片沃土上收获良多，于无知中慢慢增长着智慧，在困惑彷徨中坚持着自己的理想。

　　衷心感谢恩师张俊飚教授，在张老师悉心的关怀与指导下，我进行了较为系统的农林经济理论基础及专业知识认知和学习，这为后续独立的科研工作的开展打下了坚实的基础。另外，张老师独特的人格魅力、严谨求实的工作作风和崇高的学术造诣深深地感染着我，使我的学习生活少有困惑，张老师建设的优良的科研平台为我提供了诸多锻炼和学习机会，甚为感念的是在生活和工作中张老师也是尽心尽力的予以了帮助，使我能不受生活所迫，安心研究。本书选题的确定、框架的拟定、论证分析、文字的精炼、论证数据的获取及后续出版上无不凝聚着恩师的心血。衷心感谢恩师无私的帮助。

　　在文稿成书的过程中，还得到了诸多师长的亲切关怀和教导。感谢母校华中农业大学各位老师的培养和指导。感谢任职单位湖北工业大学的各位领导，感谢国家自然科学基金委管理学部、湖北循环经济发展研究中心、区域产业生态发展协同创新中心PI团队、湖北工业大学绿色工业引领计划（ZZTS2017009）对本书出版的大力资助。感谢人民出版社各位老师，尤其是责任编辑吴炤东老师在书稿出版过程中的精心指导和辛勤付出。

最后还要感谢现代农业产业技术体系各位领导和同仁的鼎力支持，也感谢文稿中被引文献的各位作者，感谢父母、妻儿和弟弟。因笔者自身水平和观察角度所限，研究未必系统全面，仅为抛砖引玉，欢迎各位科研工作者、科技管理人员就农业科技领域的协同创新问题开展共同探讨。

李平

二〇一八年十月十九日